Mjölnare, Smeder och Bruk

Mina rötter bland
mästarsmeds- och mjölnarsläkterna
Bast, Brunzell, Hammerin, Kuse, Love, Löf
vid järnbruk i Värmland och Dalsland

Kersti Ingeborn

© 2025 Kersti Ingeborn
Förlag: BoD · Books on Demand, Östermalmstorg 1,
114 42 Stockholm, bod@bod.se
Tryck: Libri Plureos GmbH, Friedensallee 273,
22763 Hamburg, Tyskland
ISBN: 978-91-8080-727-2

Omslagsfoto: Långserud där jag till slut hittade var mormor Elins
pappa Anders Petter Lundberg var född.

tidgare utgivna
Ödenäs torp och torpare, Nomen 2018
Ödenäs och bastabinnet, från gran till sillakass, BoD 2023
Kulturlådan - till hjälp i äldreomsorgen, Nomen 2019
2:a upplaga Mentex terapimaterial 2022

Register

Inledning

Min mormor Elin Lundberg var född 1892 i Hosjö, där hennes far var smed vid Korsnäs bruk. När det lades ner flyttade familjen till Karmansbo/Gisslarbo bruk i Malma socken 18/7 1899. Elins far, hjälpsmed vid Gisslarbo bruk, Anders Petter Lundberg, dog i lunginflammation i mars 1904. Redan den 6/10 1901 har dottern Elin skrivits hos sin farbror Gustaf Lundberg och hans hustru Karolina Brunzell i Gustafs socken strax utanför Falun. De hade inte några egna barn. Gustaf och Karolina var kusiner. Gustafs mor Maja-Stina Brunzell och Karolinas far August Brunzell var syskon. Deras föräldrar var spiksmeden Petter Brunzell och mästarsmedsdottern Catharina Löf vid Älgå bruk. Det var namnet Brunzell som väckte min nyfikenhet och deckarinstinkt för att försöka reda ut varifrån vårt påstådda vallonblod kommer.

Mormor Elins far Anders Petter Lundberg var inte lätt att spåra bakåt. Prästen i Brattforshyttan, där han jobbade några år, skrev fel i kyrkboken. Lungsund i stället för Långserud som födelseort för Anders Petter. Sen hittade jag hela familjen med syskon och årtal som stämde med de uppgifter jag hade om släkten.

Mormor kom ihåg smederna i deras långa vita skjortor och när de hoppade rätt ner i ån för att svalka sig. Hennes hågkomst måste vara från Karmansbo/Gisslarbo där hennes far var smed.

Efter tio års och tusentals timmars släktforskning kommer i alla fall jag fram till att nog stämmer det att vi skulle vara av vallonblod. Även om vi inte har något känt vallonskt namn att hänvisa till. Men Kuse, Hammerin, Bast, Brunzell, Löf och Lowe är inte direkt några svenskklingande namn! Och det räcker för att övertyga mig.

6

Kyrkböcker, husförhörslängder, födelselängder, vigselböcker, död- och begravningsböcker och mantalslängder förde mig allt längre bakåt. Från 1860 till 1949 kan man leta i SCB:s, Statistiska Centralbyråns förteckningar över födda, vigda och döda.

I sökandet efter rötterna på mormors sida hamnade jag i Borgviks bruk utanför Grums i Dalsland. Flera släktgrenar bakåt strålade samman i Borgvik. Vid 1700-talets första hälft finns tre av våra släktgrenar vid Borgviks bruk: Lowe, Brunzell och Löf. Tankar väcks! Varifrån kom de hit? Lowitz Noacsson, försvenskat. Brunzell antar jag har sitt ursprung i Brunsberg och Löf de heter Lars och Anders. Men de var smältare och räckare som är vallonska yrkestitlar. **På förfrågan till Kjell Lindblom fick jag bekräftat att vi är vallonättlingar. Louis Matthieu "Hej Kersti! Din Noak Lovesson hittar du i Nordisk Vallongenealogi del II sid 107 i Tabell 19 under släkten Mathieu. Även de tre sönerna är upptagna i var sin tabell. Så visst är du vallonättling! Mvh Kjell L**

Även på min morfar Adrians sida fann jag att hans farfars farfars mormors farfars far var vallon, Welam Jacobsson hammarsmed vid Horndals bruk 1655-62 och sen var han mäster vid Hammarby bruk i Ovansjö 1664-1700. Hans hustru hette Göle (Julie ?).

På 1650-talet finns Louis Matthieu, mormors vallonana och Welam Jacobsson morfars vallonana samtidigt vid de olika Hammarby bruken, det ena i Nora och det andra i Ovansjö.

7

Läs här om livet i en smedja:

"En sentida vallonättling och brukskamrer vid Leufsta, Joel Godeau, 1885-1964, har fått egna och andras minnen nedtecknade av Birger Steen i Baronernas Leufsta. *Bland mycket annat berättas här om arbetets gång i hammarsmedjan, om hur smältarna smidde i fyratimmarsskift, "turnejer", och räckarna i sex timmar, då ett ton stångjärn brukade vara klart, om hur de gick klädda i träskor, stickade benskydd, läderförskinn och den långa vita, vad veckan led allt svartare, blaggarnsskjortan och om hur de likaså för hettans skull, läskade sig med havremjölsblandat vatten och med besken som bruket höll. Arbetsveckan började klockan sex på söndagskvällen – efter det att man ett par morgontimmar varit nere i smedjan för nödig översyn av härdarna – och pågick sedan oavbrutet till tolv på lördagen, då smedjan "slogs igen". Visserligen gäller detta förhållande för ett sekel sedan, men med tanke på hur segt traditionerna satt lär det mesta ha haft gammal hävd. I varje fall klädseln kan beläggas sedan 1700-tal. Bl på Hillerströms målningar. - Tilläggas kan att draget i smedjan, och särskilt vinterns ständiga växling mellan värme och köld, gjorde att smederna hade svåra förkylningar, ofta med lunginflammation i följe, som sin värsta yrkessjukdom."*

Lite bakgrundshistoria om järnbruk och bergsbruk.

Det var Gustav Vasa som först lät inkalla ämbetsmän och smeder till Sverige, främst från Tyskland, eftersom vi saknade kunskaper att förädla tackjärn. Vi skulle ut i världen för att kriga och då behövs vapen. De som kom hit, arbetsinvandring redan då, höll gärna ihop. Självklart – de hade ett annat språk och andra sedvänjor. Vid bruken bodde man också nära och arbetet vid smedjorna var beroende av arbetslag där mästersmeden var ansvarig för produktion och personal.

Adelsmän och rika borgare uppmuntrades av staten att anlägga bruk, eftersom järnet var viktigt för ekonomin och samhället. Järnbrukens ägare var godsägare och titulerades brukspatroner.

Järnbruken skulle förädla tackjärn till stångjärn. Vid bruken tillverkades också knippjärn, spik och svartsmide. Bruken kallades hammarsmedja, stångjärnshammare, knippsmedja och spiksmedja beroende på vad de tillverkade. Ett bruk kunde ha flera olika hammare. Det fanns olika sorters smeder, hammarsmed, spiksmed, klensmed. De enskilda brukens produktion reglerades av beviljade privilegiebrev. Läget bestämdes efter tillgången till skog och vatten. Skogen behövdes för att framställa kolen och strömmande vatten stod för krafttillförseln.

Det var vid bergsbruken som tackjärnet framställdes som sedan förädlades till olika produkter vid järnbruken. Ägarna var bergsmän.

Runt bruken växte brukssamhällena upp allteftersom bruken behövde arbetskraft. När tillgången till skog och vatten sinade flyttades både bruk och de människor som arbetade där till nästa bruk som ägarna anlade.

I Bernt Douhans bok: Arbete, kapital och migration. Valloninvandringen till Sverige under 1600-talet kan man läsa:

... genomgående var mjölnaren vid vallonbruken av vallonsk börd. Anledningen till detta är höjt i dunkel. Möjligen kan språket ha haft en viss betydelse. Man ville nog ha en mjölnare som talade samma språk som huvuddelen av brukets befolkning. Sid 114.
Av Brunzellarna var flera mjölnare. T ex Jonas Jönsson Brunzell.

*............ efter 1680-talet hade vallonerna skaffat sig monopolställning på samtliga arbetstillfällen i hammarlagen, vilken de kom att behålla långt in i modern tid. Förklaringen till att de inte redan vid sin ankomst till bruket skaffade sig denna monopolställning måste ha berott på att bruksägaren till Österby enbart inhämtade personal nödvändig för att säkerställa vallonsmidets införande. Anledningen kunde ha varit att man helt enkelt inte lyckades fylla arbetslagen med valloner, Men **inom smältarlagen intog vallonerna redan vid sin ankomst till bruket en monopolställning** och det var inom denna produktionslänk som den direkta förnyelsen inom smidet låg. **Inte i något fall nådde den svenska delen av personalen någon högre befattning** och dess relativa stabilitet inom **räckarlaget** måste sättas i relation till brukets utbyggnad av produktionen. I likhet med Löfsta ökade inslaget av svenskar under dessa perioder men som tabellerna visar kunde vallonerna efter ett par decennier täcka arbetskrafts-behovet. sid 116*

... under slutet av 1600-talet, och särskilt under 1700-talet, började vallonsläkterna få anförvanter utanför själva brukssektorn. Det var ofta fråga om köpmän i städer som Stockholm, Gävle. Öregrund och Uppsala. Ofta medlemmar i

10

städernas borgarstånd. ... Vallonska ungdomar kom att flytta och ta anställning i sina släktingars industrier, handelsbodar mm. sid 182

*... de sociala umgänges- och utbytesrelationerna inom en bruksbefolkning kan åskådliggöras med hjälp av de vittnen som förekom vid dop och med det **giftermålsmönster** som utvecklades inom bruksbefolkningen.*
***Vallonerna gifte sig i hög grad vallonskt och inom respektive yrkeskategori.** På de större bruken sällan mellan olika sociala skikt. Men på de mindre bruken skedde ett socialt utbyte med den svenska delen av befolkningen. Dessa mönster avser de valloner som var verksamma på själva bruket. De som var verksamma inom den agrara sektorn kan de vallonska familjerna inte undvika en snabb "försvenskning".*

***Dopvittnen var ofta personer som tillhörde samma sociala grupp.** Om en av brukets mest framstående mästares barn skulle döpas kunde en rad förnäma vittnen återfinnas. sid 183*

Räckare, smältare, mjölnare, smeder, mästersvenner och mästarsmeder förekommer hela tiden bland alla de anförvanter jag funnit. Mästarsmedsdöttrar och dopvittnen – allt stämmer med det jag läst om i olika böcker.

11

Till vilka bruk kom vallonerna?

Karl Kilbom: Vallonerna - om valloninvandringen till Sverige,
1958

Vi känner inte så många detaljer angående vallon-
invandringen, innan de Besche och de Geer började sitt
samarbete, alltså omkring 1615. Att Karl IX med sin blick för
järnhanteringens betydelse tidigt hade sin uppmärksamhet
riktad på de möjligheter vallonerna och deras arbetsmetoder
representerade, är dock ostridigt. Redan 1577 inrättade hertig
Karl i Örebro ett järn- och stållaboratorium för malmanalyser.
Den man som Karls regering skulle ha infört de första
vallonerna, påstås ha varit en fransk adelsman Paschilius
Dionysius Chenon, i svenska handlingar,   mera känd under
namnet Påke Gilliusson eller Påke harneskmakare. --- Karl IX
lär för Chenon ha utställt "ett latinskt resepass", daterat i
Nyköping, juni 1600, enligt vilket han skulle resa till utlandet
för att införskaffa järnarbetare. Uppgiften låter inte otrolig, ty
under århundradets första år finns i Nykroppas och andra
kronobruks i denna bergslag, Storfors, Lillfors, Asphyttan – på
sistnämnda plats anlade Gustav Vasa en hammare redan 1545
- och Hättälf, räkenskaper utgifter för en del arbetare med
franskt klingande namn. Sommaren 1609 "23 veckan" utspisas
vid Nykroppa i fem dagar tolv "fransoser" som "Påke
Gilliusson hade inbeställt till H K Majs:s behov". --- **Dessa**
första "fransoser" skulle enligt Fernow som uppsättare,
masmästare, lodstöpare, styckgjutare, dragsmeder och
tråddragare ha spritts till hyttorna i Färnebo och Karlskoga
bergslager. *----- Att det var valloner Chenon medförde till*
Nykroppa, alltså till VÄRMLAND, *som ju var hertig Karls*
hertigdöme, torde vara säkert. **Att de talade franska och**
kallades "fransoser" bevisar blott att de benämndes efter sitt
språk.

12

Bland de "fransmän och valloner" som under år 1600 inkom till Nykroppa, ha funnits följande namn: ... De Preez, **Dress,** *... Att De Preez,* **Dress,** *Garney och Lemmens senare spelade en roll inom den svenska bruksrörelsen och i annat avseende, är dock ostridigt. sid 240 ff*

-- de **Besches** *och* **De Geers** *intressen i* **Nora** *och* **Lindes bergslag med all sannolikhet medförde inflyttning av valloner.** ----- *För övrigt hade inte blott De Geer intressen i Nora och Lindes bergslager. Före honom hade dessa arrenderats av Hubert och Welam de Besche som emellertid måste släppa arrendet till Handelskompaniet 1627. De Geer och mäster Welam övertog vid Handelskompaniets upplösning arrendet, men släppte det i sin tur 1628, då såväl denna bergslag som Fellingsbro, Ervalla och Näsby socknar "jämte alla där belägna Kungl Maj:ts hyttor, hamrar och järngruvor" utarrenderades till Anders Dress, Jan Schaeij och Christoffer Geijer. Affären genomfördes efter en del invecklade transaktioner --- .* **Dress** *ägde bl a Rockhammars bruk, vilket senare övertogs av hans son* **Otto,** *som i sin tur sålde det till sina svågrar Adam Radou och Jakob Leijel.*

Namnen på de brukspatroner, som hade ägo- eller arrendeintressen vid bruken, och kännedom om vederbörandes verksamhet i övrigt styrker uppfattningen, att **även till denna bygd kom valloner.** *Sid 247*

Otto Dress 1620-t – 1696, son till Andry Dress. Innehade först faderns arrenden men förnyade ej dessa. Ramshyttan, Närke, Hammarbruk, masugn. Privilegium 30/3 1659. Otto Dress hade 1660 försålt det fäderneärvda Hammarby ... och det 1654 förvärvade Ramshyttan. Kroppa, Värmland, hammarbruk. Köpt 1659. Sid 365

13

Jalmar Furuskog skriver så här i De värmlandska Järnbruken, 1924, sid 98

"De franska inslagen i de värmländska kronbrukens arbetsliv har sitt största intresse genom att vi här ha att göra med den första mer betydande valloninvandringen till vårt land, en inflyttning som skett ett eller annat årtionde tidigare än den mer bekanta invandringen till de järnbruk som stodo under Louis de Geers ledning."

På Wikipedia kan du läsa:

Ett par årtionden in på 1600-talet utarrenderade kronan bergslaget med kontrakt som varade i två år åt gången. Förpaktaren, den som arrenderade Nora och Linde bergslager, fick kronans räntor och inkomster samt dess bruk, gruvor, hyttor och gårdar, och skulle döma i mål som rörde bergsbruket. Invånarna i fögderiet ålades att lyda dessa förpaktare. De förste arrendatorerna var Kristoffer Andersson och Anders Bengtsson år 1621. Dessa båda efterträddes efter två år av Gillis de Besche som fick kontraktet förlängt en period, och sedan överlämnade området till Louis de Geer som var förpaktare till 1630. 1631-1650 var fransmannen Andreas Dress förpaktare. Under hans tid inrättades Bergskollegium och därmed försvann förpaktarens domsrätt. 1637 bildades Femte bergmästardömet, som innefattade Nora och Linde bergslager jämte Närke och Västergötland.

Hämtat ur Alf Nordströms bok Bergsmän och brukspatroner:
Malm, kol och järn gick att flytta , men vattenkraft fick man ta där den fanns. Forsar och fall bestämde hyttans och hammarens plats. Årsbehovet av träkol per hammare beräknades till 16 000 tunnor. Ca 24 000 hl. (Ramnäs bruk)

Vid varje stångjärnshammare styrde en mästersmed över två eller tre smeddrängar och en lärpojke. Smidet höll sig runt 600 skeppund om året och betalades med 3 daler skeppundet. Med dessa 1800 daler skulle smeden inte bara föda familjen utan också avlöna sitt folk. Visserligen hade man kåltäppa och ko, men självhushållet blev aldrig mera komplett än att handeln som bruksherrn höll också fick besök. En rest på 100 daler eller mer var ingen ovanlighet och band smeden fast vid bruket tills gälden blivit inarbetad.

Vallonerna var reformerta kalvinister, inte katoliker, inte lutheraner. Detta var en nagel i ögat på vårt prästerskap. Vantron var så mycket värre att fördra som främlingarna inte heller bestod något tionde och därmed beredde kyrkan, präst och fattigvård en ekonomisk förlust..

År 1655 infördes en strängare stadga som bl a förbjöd lärare av främmande tro att ha hand om barnens undervisning. Påbuden negligerades och strängare påbud infördes. Till slut statuerade man exempel och utvisade 1694 en reformert präst, Isaac Royer, från Sverige. Han var verksam i Stockholm men kallad att predika i Österby. Men i Österby hade man redan 1693 ersatt den kalvinistiska skolan med luthersk pedagogik. Det blev början till slutet för franskan som vardagsspråk i smedstugorna. Långt före 1741, då de reformerta i Sverige fick full religionsfrihet, hade vallonerna i Österby blivit goda lutheraner.

Erik Sköld: Från bergsmännens och de små brukens tid.
Vid beslut i Norrköpings riksdag 1604 förordnades "att all Osmund och Tackjern skulle smidas till Stänger förrän det utfördes ur Riket". Det var efter detta beslut som stångjärnssmidet började spridas.

15

En invandrad hammarsmed. Hindric Hentzel, inrättade stångsmidet vid Norn, Thurbo och Vikmanshyttan. Han lärde upp hammarsmeder, som genom Steffens försorg överflyttades till andra bruk, ett samarbete som påskyndade smidesmetodens spridande. I sin redogörelse till Bergskollegium år 1646 nämns att ett flertal hamrar blivit byggda på "Köpmans manér", vilket skilde sig från de äldre svenska hamrarna, som byggts "på Bergsmans Sätt".

Införandet av stångjärnssmidet gick dock trögt, till stor del beroende på bergsmännens motstånd. De ansåg osmunden vara ett renare och mera lättarbetat utgångsmaterial för olika smidesprodukter. Den kunde bearbetas med handsläggor i enkelt utrustade smedjor, medan stångjärnet krävde effektiva, vattendrivna hamrar. För att anlägga stångjärnshamrar fordrades mera tekniskt kunnande och mera kapital än bergsmännen förfogade över.

Louis de Geer.....
Willem de Besche arrenderade tillsammans med de Geer roslagsbruken 1627 – 1643. de Besche var de Geers tekniskt kunnige samarbetspartner. Under denna tid övergick man från vapentillverkning till stångjärnssmide. Från 1643 var de Geer ensam ägare till roslagsbruken. Driften vid anläggningarna kom att ledas av valloner.

I och med införandet av vallonsmidet fanns i mitten av 1600-talet, vid sidan av enstaka kvarvarande bergsmanshärdar, två metoder att bereda smidbart järn, tysksmide och vallonsmide.

Tysksmidet: en enda härd används för att färska tackjärnet och för att värma de erhållna smältstyckena för uträckning till stång. Samma smedlag arbetade med både färskning och räckning.

16

Vallonsmidet: *två skilda härdar, en* **smältarhärd** *för färskning och en* **räckarhärd** *i vilken smältstyckena slutvärmdes före utsmidning. Arbetet fördelades på ett smältarlag och ett räckarlag.* (Lancashiresmidet infördes på 1800-talet)

Lowitz Noacsson har titel räckare.

Lars Andersson har titel smältare.

John Granlund skriver så här om Arbetsorganisation: Landsbygden i Den svenska arbetarklassens historia II. Organiseringen av de svenska järnbruken.
.. Arbetslagen var små. I fråga om stångjärnssmidet berodde deras sammansättning närmast på tekniken. Vid det åtminstone sedan 1600-talets början rådande **tysksmidet** *krävdes endast en härd för tackjärnets färskning och smältstyckenas vällning, och arbetslaget bestod av* **mästersmeden** *och hans gesäll* **mästersvennen** *med biträde av en* **kol- eller smedsdräng.** *Var hammarsmedjan stor och rymde två härdar med tillhörande hammare, stod även andra härden under mästersmedens ledning, men arbetet utfördes självständigt av två mästersvennner och deras koldräng. ....*
Det gamla vallonsmidet *däremot krävde till varje hammare två olika härdar: en särskild smälthärd för tackjärnet och en särskild räckhärd för vällningen, vilka båda härdar sköttes av resp. en* **mästersmältare** *och en* **mästerräckare.** *Båda har var sin gesäll och någon hjälpare. Det s.k.* **lancashiresmidet** *åter är en teknisk förbättring av vallonsmidet och infördes några årtionden in på 1800-talet. Här arbetar två arbetslag vid varje härd resp. smälthärden och räckhärden. I varje smältarlag voro två smeder: smältaremästaren och smältaremästersvennen och i varje räckarelag tre: räckaremästaren och två värmare.*

Alf Nordström igen. *Vid det gamla tysksmidet använde man samma härd såväl för att smälta tackjärnet som för att färska det (reducera järnets kolhalt). .... Vallonerna arbetade med två härdar. I den första smältarhärden, smälte och färskade man inte mer tackjärn i taget än som gick åt för ett stångjärn. Smältan värmdes sedan upp och välldes i den andra härden, räckarhärden, innan järnet räcktes ut under hammaren. Fördelen med den nya metoden var uppenbar. Trots de två härdarna blev kolåtgången mindre, samtidigt som, efter vad man beräknat, effektiviteten ökade med det tredubbla. Arbetstakten i en vallonsmedja sägs också ha varit högt driven.*

Det tempoarbete som de dubbla härdarna förde med sig drog inte bara upp takten utan förutsatte också att samarbetet fungerade smidigt i smedjan. Vanligen fanns två mästersmeder, en vid vardera härden, med var sin mästersven och några drängar. Dessutom hade man goujarer *för springpojkssysslor som att hämta träkol, hälla vatten vid hammaren o s v. För att laget skulle orka hålla tempo arbetade man i tretimmarsskift. Efter varje* turnej *pustade man ut i* labbit, *en skäligen enkel liten kammare intill smedjan.*

Så här skriver Kjell Lindblom:
Vallonerna var mycket rörliga i sitt arbetsliv. Det gällde att söka sin utkomst, där behovet av arbetskraft var störst och där bästa anställningsförhållanden förelåg. Rörligheten begränsades på olika vis av arrendatorn eller bruksägaren, eftersom det låg i dennes intresse att behålla duglig arbetskraft. Den vanligaste orsaken till rotning bestod i att arbetaren kom i skuld till sin arbetsgivare. Värdet av proviant- och materialuttag från bruksboden översteg den intjänade lönen. Vid byte av arbetsplats under sådana förhållanden måste den nye arbetsgivaren lösa skulden alternativt kunde någon närstående, t ex en son, överta den. I en del fall blev känslan

18

*av livegenskap övermäktig. Arbetaren rymde. Och då kunde
färden bli lång, ibland till ett annat land.
Även helt legal utflyttning förekom.* Man kan ibland i kyrkans
personalieböcker läsa levnadsbeskrivningar om valloner, som
lämnat Sverige och arbetat tiotals år utrikes för att sedan
återkomma. Dessa är naturligtvis bara en mindre del av dem
som emigrerade. De flesta förblev bosatta utomlands under
återstoden av sitt liv.

**Man kan i arkiven finna anteckningar om utflyttningen men
oftast står ingenting, arbetaren och hela hans familj
försvinner till synes utan orsak.**

Mina värmländska släktgrenar

Lowe	Brunzell	Löf	Kuse
Hammerin	Bast		

Lowe

1544 anlade Gustav Vasa Kungshammaren i Nora och Lindes bergslager. Bruket uppfördes för kronans räkning. Det skulle krigas och för det ändamålet behövdes vapen och så började Sveriges krigsindustri. Kungshammaren omfattade flera bruk bl a Gyttorp, Gjärle och Hammarby. Vid dessa tre hyttor fanns smeden **Noa Lowitzson**.

Nuvarande bruket i Hammarby, anlades 1632 av Andrej Dress som var en rik och företagsam man som skaffat sig affärskunskaper som bokhållare hos Willem de Besch och han hade tecknat avtal med Louis de Geer. 1631 lyckades Andrej Dress kapa åt sig arrendet på Kronans hyttor, gruvor och hamrar i Noras och Lindes bergslager. Andrejs äldste son Otto ärvde sin far och i mantalslängderna står det "Arrendator Otto Dress."

I boken Vallonsläkter i Sverige under 1600-talet står att läsa om valloner utan särskilt släktnamn bl a Noe Lovisson som var verksam vid Hammarby bruk. När jag letar i mantalslängderna läser mina ögon Noac Lowitzson med hustru Karin. 1655

Hammarby bruk, Nora stad, Örebro län mtl

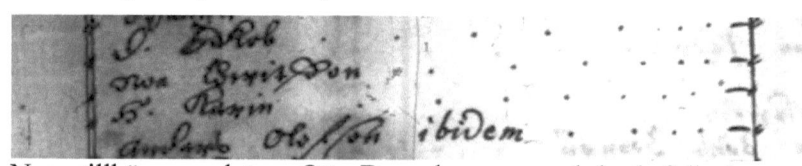

Noac tillhör arrendatorn Otto Dress hammar- och bruksfolk. I Örebro läns mantalslängder anges tyvärr bruksfolket ibland

20

bara till antal, flera år i rad. Alltså inga namn. Men Noac och Karin har två söner som lever kvar som smeder vid Hammarby bruk. De är födda ca 1650. Vår förfader Lowitz Noacsson vid Borgviks bruk är född ca 1660.

Otto Dress var ingen skicklig affärsman utan köpte och sålde sina egendomar och det verkar som att en del folk flyttade med och runt till olika bruk. 1659 sålde Otto Dress Hammarby bruk och därefter har jag inte lyckats hitta Noac. Tänk om jag kunde hitta var Noac verkade 1660, ungefär det år då Lowitz föddes. Då skulle det kännas som - bingo. Mitt hjärta säger mig att "gubben Noac" är Lowitz far. Jag har bara inte hittat beviset – än. Kanske återvände Lowitz och Karin dit de kom ifrån och Lowitz kom sedan själv till Borgvik, 1690.

Brunzell

Namnet tror jag är konstruerat efter Brunskogs bruk. Brunzellarnas far hette Jöns Olsson och var mjölnare. Några av hans söner, inte alla, kallar sig senare Brunzell. Brunskog hörde till Borgvik och de jobbade både i Brunskog och Borgvik. Om Jöns tillhörde de gamla svenska rötterna eller var invandrad lär vi nog aldrig få veta då det vid aktuell tid finns fler Olof med söner som heter Jöns. *Men i Bernt Douhans bok läser vi att mjölnarna vid bruken oftast också var av vallonsläkt.* Jöns kan mycket väl vara en försvenskning av Jean.

Erik Jonsson Brunzell gifte sig med Britta-Maria Bast och
Petter Brunzell med Katarina Löf

Löf

Mästersmeden Anders Larsson får tillnamnet Löf vid Träskogs bruk. Anders är son till smältaren Lars Andersson vid Löfstaholms bruk, som var född vid Borgviks bruk. Hans föräldrar var båda födda i Borgvik. De flyttar till Löfstaholms bruk i Lysvik där sonen Anders föds. Anders hustru Lisa Johansdotter Lowe var också född vid Löfstaholm och hennes förfäder finns även de vid Borgvik.

Kuse

Till Brunsbergsverken hörde också Rinnfors bruk och här finns mästersmeden Erik Olofsson Kuse. Han var född 1650. Var vet jag inte men vid Kuseby i Nora bergsförsamling finns en Olof Eriksson Kuse 1647 till 1651. Det är ett fullt möjligt samband men mantalslängderna ger mig inte mer stöd för detta.
Hans dotter Elin Eriksdotter Kuse gifte sig med Henrik Nilsson Hammerin

Hammerin

Vid Rinnfors bruk finns hammarsmedsmästaren Henrik Nilsson Hammerin. Han var född 1695 i Gåsborn. Ibland har församlingar gemensamma kyrkböcker. Här var det Gåsborn och Färnebo och även Filipstad som samverkade. Till slut lyckades jag spåra rötterna till Henriks far Nils Henriksson som är mästersmed vid Dammshyttan från 1687 till sin död 1718. Några år var han däremellan vid Långbanshyttan.
Av Dammshyttan finns bara namnet kvar, lite slaggstenar på en grusväg och några slaggstenar i en murad lagårdsvägg.
Nils Henriksson hade tre söner. Tvillingarna Nils och Henrik. Nils Nilsson var kvar vid Dammarna och Henrik var mästersmed vid Rinnefors bruk. Sonen Jonas var mästersmed vid Kålsäters bruk. Läs mer om dem längre fram. Eva Henriksdotter Hammerin gifte sig med Jonas Jönsson Brunzell från Borgvik.

Bast

Carl Jansson Bast, mästersmed vid Bada bruk, far till Britta Maria Bast. Var kom Carl ifrån?

Vid Hwitlanda bruk i Tösse socken finns en mäster Jean Månsson med hustru Ingeborg. Den 14 januari 1729 föds deras son Carl. Jag tror mycket starkt att detta är Carl Bast.

Varför det? Jo, Carl med tillnamnet Bast dyker för första gången upp vid Lidefors bruk i Rudskoga socken. Åren innan finns det bara en Carl vid det bruket och då med tillnamnet Jansson. Dessutom tänker jag så här: Carl Bast var gift flera gånger och en av hans fruar var änkan Brita Bengtsdotter som 1750 hade gift sig med Johan Lowe i den gamla kyrkan vid Hwitlanda bruk. De flyttade till Löfstaholms bruk i Lysvik och det är inte så långt till Bada bruk i Fryksände socken. Därför känner jag på mig att de kände varandra från förr. Britta och Johan bodde vid Löfstaholms bruk samtidigt som Carl bodde vid Bada bruk och det är inte särskilt långt emellan.

Att man höll sig inom sitt sociala nätverk, det har vi ju läst.

Carls dotter Britta Maria Bast gifte sig med Erik Jonsson Brunzell vid Älgå bruk.

BORGVIKS BRUK 1625 - 1924

Grums socken, sen är Borgvik egen församling, ett annex till
Nor, Värmlands län

Hyttruinen

Kvarnen

Biskopsdömet i Skara ägde kvarnrörelse i Borgvik på 1300-talet.
1620 anlade länsman Christoffer Andersson från Nora och Lindes
domsaga, tillsammans med fogden Jöns Bock, den första
hammarsmedjan i Borgviksforsen. Knut Bryntesson miste då sitt
kvarnfall men fick behålla rätten att utsmida 5 skeppund (ca 700 kg)
smide. Han fick då själv stå för kol och arbetslöner. Förutom Knuts
kvarn fanns olika små husbehovskvarnar i älven. 1627 såldes
hammaren till köpmannen Sven Påfvelsson. Smedjan brann 1630 och
återuppbyggdes ett par hundra meter uppströms. Svens måg Nils
Assmundsson blev ägare till bruket 1660. Han bytte namn till
Borgström. 1683 brann det igen. Nils söner Nils och Erik rustade upp
och fick tillstånd att bygga en hammare till med två härdar, som
byggdes vid nedre fallen 1690. Tillverkningen steg till 1300
skeppund årligen.

ur "En bok om Gunnarskog", sid 217:
Johan Eriksson Borgström. Hans far och farbror, Erik och Nils, ägde
tillsammans Borgviks bruk, varifrån namnet kan härledas. Johans far
Nils Assmundsson kom från Holland. Johan Borgström, som var
född 1695, var i yngre år statstjänsteman med hovrättsassessors
avsked 1739 men ägnade sig mest åt gruvdrift och bruksrörelse och
räknas som en av Värmlands mest betydande bruksägare. Adlad
Adelheim.

24

1763 flyttade många från Borgvik. Då är Carl Niclas Kock brukspatron. Han var gift med Märta Regina Borgström.
1778 byggde brukspatron Olof Schagerström ny smedja, kvarnhus och såg.
Som kuriosa kan nämnas att järnet i Eiffeltornet kommer från Borgviks bruk

en av smedlängorna

1716 gavs kungligt tillstånd att bygga egen kyrka.
Har alla födslar, dödslar, vigslar ägt rum i denna kyrka?

Bostadslänga från 1700-talet, sex lägenheter om ett rum och kök.

Här bodde Mjölnaren.

Det fanns ovanligt många mjölnare vid Borgviks bruk, samtidigt, tio tolv stycken familjer.
Under Borgviks bruk hörde också Brunsbergs bruk! Och under Brunsberg hörde Rinnefors!

25

Vid Borgviks bruk har vi tre släktgrenar: Brunzell, Lowe och Löf som lever här samtidigt

Släkten Lowe 1690 - 1744

År 1690 finns vid Borwiks hammare hos Nils Assmundsson, som kom från Holland, en Lowitz för första gången. Året därpå har han titel mästersven. 1692 har Lovis ett efternamn, Noacsson. 1696 står det "Gesällen".

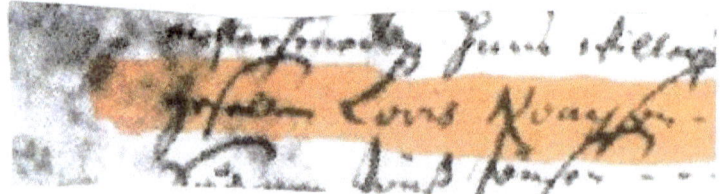

Husförhörslängd 1696. Gesällen Lovis Noacsson.

1694 blir det riktigt spännande. Jag läser en titel som börjar på mak .. . I Ordbok för släktforskare finns ordet makett "en järnbruksterm med *vallonskt* ursprung = den ända av smältstycket som hålls av tången".

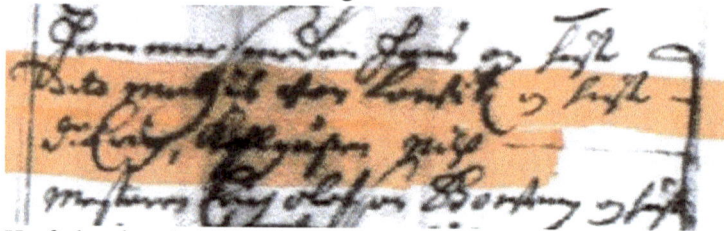

Husförhörslängd 1694, dito = hammarsmeden mak.... Lowitz och hustru, dräng Eric, kohlgossen Nils.

Lowitz är mästare år 1702. Från och med 1706 är inte Lowitz med i mantalslängderna.

Lowitz är först hos Nils Borgström och därefter hos Erik Borgström. Både Nils och Erik är brukspatroner med patronymikon Nilsson, söner till Nils Assmundsson.

Lovitz Noacksson, är räckare, hammarsmed och kyrkväcktare. Han dör här på bruket 1731. Hans hustru "Lovis Maria" dör tio år senare och blev 80 år gammal. Maria heter Jönsdotter enligt Anbytarforum. Och vid Borgvik finns många som heter Jöns. Därför kommer jag inte längre där. Lovitz och Maria har sex barn, alla födda i Borgvik. Katarina, Annika, Nils, Maria, Britta och Johan. Flera av dem är kvar vid Borgvik.

Lowitz och Marias son Nils, född år 1700, är mästersven när han i Borgvik 1727 gifter sig med Marit Andersdotter. Deras son Johan föddes den 28 maj 1730 och mamma Marit dör den 1 juni, (Johan Lowe).
Nils var gift tre gånger under sin tid i Borgvik och får tre barn, Maria, Johan och Lisken. 1735 har han flyttat till Rådanefors bruk, strax söder om Färgelanda. Nils är bland de första smederna där liksom vid Billingsfors bruk.

Släkten Brunzell före 1683 - 1763
Mjölnaren Jöns Olsson var född 1692. Han gifte sig 1732 med Ingrid Jonsdotter som var född 1716. Bara 16 år! De får tolv barn. Flera av dessa syskon använder senare namnet Brunzell. De sex äldsta barnen är födda här i Borgvik. Sen finns Jöns vid Brunsbergs bruk, där ytterligare barn föds innan man återvänder hit till Borgvik. Om nu inte familjen bodde kvar på samma ställe. Det var vanligt att familjefäderna "veckopendlade" och när nu Brunsberg hörde under Borgvik.
Jöns dör i Borgvik 1772 och Ingrid 1764.
Jag tror att Jöns far var sågaren Olof Jonsson vid Borgviks bruk. Jag tror också att Ingrid Jonsdotters far Jon också var

sågare här. Han finns här från 1683 med tillnamnet "wästgiöte" och senare med namnet Jonsson.
Sonen Jonas Jönsson som var född 1736, är också han mjölnare i Borgvik. Han gifter sig 1758 i Boda med Eva Henriksdotter Hammerin, en hammarsmedsdotter från Rinnforsens bruk. Deras son Erik Jonasson Brunzell föds här 1763 samma år som familjen flyttar till Sälboda.

Släkten Löf före 1718 - 1753
Anders Larsson och Maria Bryngelsdotter finns i norra Borgvik.
Deras son Lars föds 1719. Han gifter sig 1752 med Stina Nilsdotter, född 1729. De flyttar från Borgvik till Löfstaholms bruk där Lars är smältare. De är bland de första familjerna där.
Stina är dotter till mjölnaren Nils Bryngelsson och hustru Catharina vid bruket i Borgvik.

Andra noterade smedsläkter vid Borgviks bruk 1667 – 1747:
Stålnacke, Jernberg, Hjort, Dunder, Svart, Warg, Stake, Hane, Jäverberg (Jävert?), Bock, Hult och Räf.
brukspatroner: Assmundsson, flera Borgström, Bengt Torstensson, Carl Uggla, Wennergren,

28

Familj 952, 953. Elins farmors mormor farfars far och mor

Kersti – Anna – Elin – Petter – Maja-Stina – Catharina – Lisa – Johan – Nils – Lowitz och Maria

gesäll, räckare, mästersven, mästare, kyrkväktare

Lowitz Noacksson	*** ca 1660**	**† 1731 Borgvik**
Maria Jönsdotter	*** 1661**	**† 1741 Borgvik**

Bruk: Borgvik
Församling: Borgvik

Barn:

Katarina	* ca 1690	Lovisdotter ♥ 1720 Anders Nilsson från Arnäs Borgvik. Johan, Nils, Lisken, Olof, Olof
Annika	* ca 1695	Lovisdotter ♥ Anders Andersson Dunder, Borgvik. Son, Erik, Johan, Stina
Nils	* 1700	Lovisson ♥ många gånger. I släkten med Marit Andersdotter. †Billingsfors 1739
Maria	* 1704	Lovisdotter piga vid Borgviks bruk, fadder till många barn.
Brita	* 1707	Lovisdotter brukspiga vid Borgviks bruk, fadder till syskonbarn
Johan	*	Lovisson smeddräng vid Borgviks bruk, fadder till syskonbarn

Lovitz kom till Borgvik 1690. I alla fall är det då som han första gången finns med i mantalslängden. Varifrån vet vi inte. Han är son till Noa Lowitzson som verkade vid Hammarby bruk i Nora bergslag. Läs mer om det längre fram. Maria var född i Borgvik, men det finns flera Jöns som skulle kunna vara hennes far.

I doplängden 1723 finns "stöten" Lovitz dotter Maria bland dopvittnen. 1724 finns som fadder vid dop en "Lars Noacsson på bruket" Kan det vara en bror till Lowitz?

Borgviks dödbok 1731: *"Bruket 27 feb. kyrkoväcktaren Lovitz Noacksson. Begravd den 7 martz"*

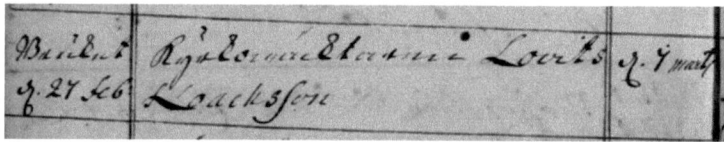

I husförhörslängden 1737 – 40 finns "Lovis Maria" med vid Borgviks bruk. I nästa längd står hon med under inhysesfolk på bruket, men inte efter 1741. Av förklarliga skäl ....

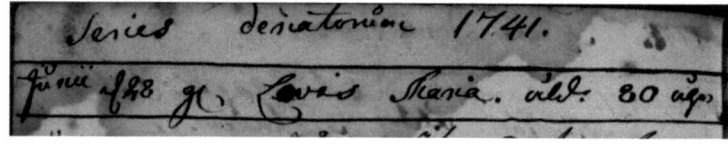

Borgviks dödbok 1741: *"jan 28 Lovis Maria. Ålder 80 år"* Det var vanligt att det skrevs mannens förnamn i genitiv och sedan hustruns förnamn. Det finns det fler exempel på i kyrkböckerna här.

Familj 476, 477. Elins farmors mormors farfar och farmor

Kersti – Anna – Elin – Petter – Maja-Stina – Catharina – Lisa – Johan – Nils och Marit

mästare

Nils Lovisson	***1700 Borgvik**	† 22/5 **1739**
		Billingsfors
Marit Andersdotter * ?		† 1/6 **1730 Borgvik**

Bruk: Borgvik, Rådanefors, Billingsfors
Församlingar: Borgvik, Ödeborg, Steneby

Barn:

Maria	* 1727	Nilsdotter Lofve gift Lars Andersson Willbas vid Billingsfors Omgift med bonden Olof Björnsson, Ärtemark.
Johan	* 1730 Borgvik	Johan (Nilsson)Lowe ♥ Britta Bengtsdotter, Löfstaholm
Lisken	* 1733 Borgvik	mor: Annika Andersdotter
Caisa	* 1735 Ödeborg	mor Margareta, ♥ 1751 Petter Björkbom vid Billingsfors bruk
Greta	* 1736 24/12 "	mor Annika Nilsdotter

Nils är son till hammarsmed Lovitz Noacksson i Borgvik och Maria Jönsdotter.
Marits föräldrar har jag inte hittat.

1725 var Nils mästersven hos mäster Anders Ericsson och 1729 hos Anders Dunder.

31

Borgvik socken Series Copulatorum 1727:
Nov (?) 5 "sammanvigdes efter 3ne föregångna lysningar kungjorda den 20, 21, 22 efter Trinitatis mästersvennen Nils Lovitzson från Borgviks bruk med pigan Marith Andersdotter ibidem i heliga trefaldighets namn af magister Magnus Fernholm."

Sonen Johan föds den 28 och döps den 31 maj 1730 på

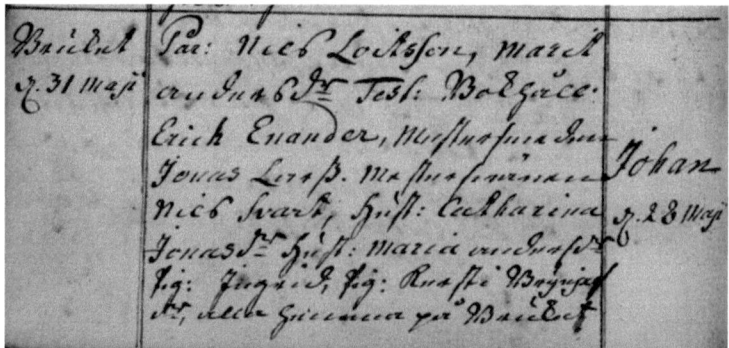

Borgviks bruk:
par: Nils Loitsson Marit Andersdr, test: bokhållare Erik Enander, mästersmeden Jonas Larsson mästersvennen Nils Svart, hustru Catharina Jonasdotter, hustru Maria Andersdotter, pigan Ingrid, pigan Kersti Bryngelsdotter, alla quinnor på bruket"
Mästersven Nils Lovitzsons hustru Marit Andersdotter dör den 1 och begravs den 7 juni 1730. Efter ett år, den 9 juni 1731 sammanviges *"änkemannen och mästersvennen Nils Lovitzson vid Borgviks bruk med hammarsmedsänkan Margaretha Andersdotter sammastädes"*. Den 18 oktober samma år, 1731, dör även hon och begravs den 31 okt.1733 föds Nils Lovitzsons och hustru Annika Andersdotters barn Lisken. Jag har inte hittat anteckning om Nils och Annikas giftermål.

1735 vid Rådanefors bruk i Ödeborgs socken finns smeden Nils Lovisson när hans dotter Cajsa föds 2 maj. *"smeden Nils Lovisson moder Margareta, faddrar mästare Johan Pettersson, Olof Andersson i Rådanefors, hustru Maria bar barnet pigan Karin i ... pigan Anna i ... ."* 1736 föds här dottern Greta 24 dec. *"smeden Nils Lovisson moder Annika Nilsdotter (?) faddrar: Erik Hebbe, mäster ......"*

Sen återfinner vi Nils Lovisson bland de första smederna på Billingsfors bruk som startade 1738. Mästersmeden Nils Lovisson född år 1700 dog på Billingsfors 20 maj 1739.

Marit Andersdotter	gift 1727 dör 1730, barnen Maria och Johan
Margaretha Andersdotter	gift 1731 dör 1731, inga gemensamma barn
Annika Andersdotter	gift år? dotter Lisken 1733
Margareta	gift år? dotter Cajsa 1735 2 maj
Annika Nilsdotter	gift år? dotter Greta 1736 24 dec

Själv dör Nils 1739, 38½ år gammal. Tufft liv!

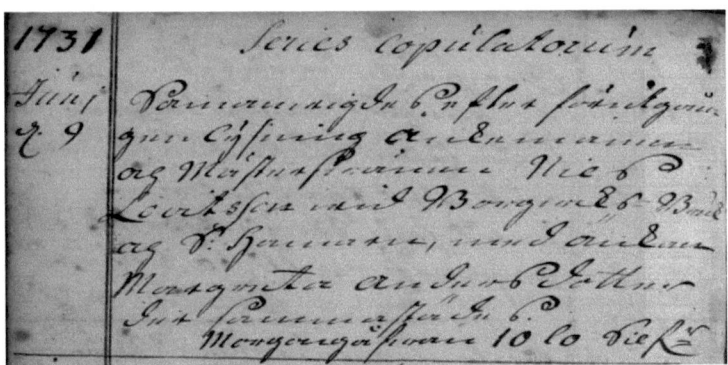

En del släktforskare ifrågasätter om Nils Lowitzsson verkligen var gift med fem olika kvinnor men ...

33

så här står det i kyrkböckerna:
1731 gifte sig mästersvennen Nils Lovitsson och hammar-
smedsänkan Margareta Andersdotter
i dödboken 1731 finns noterat att Margareta Andersdotter dör.

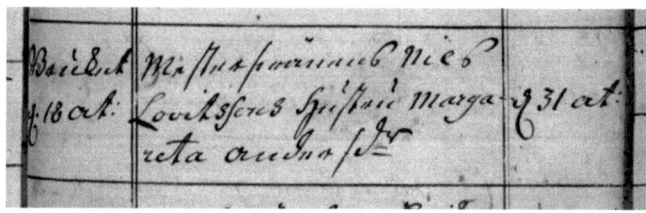

I födelseboken för Borgvik 1733 finns Nils dotter Lisken med
moder Annika Andersdotter

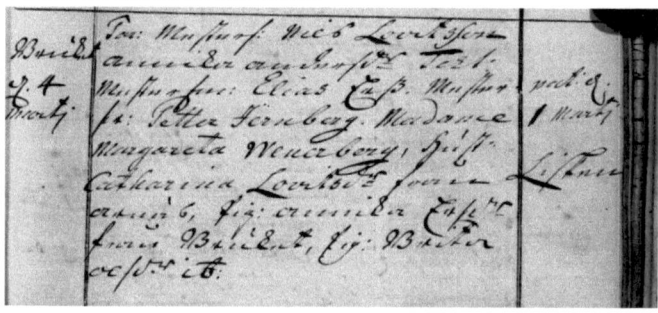

vid Rådanefors bruk, Ödeborgs sn heter Cajsas mor Margareta.

34

Och 1736 här finns Gretas mor Annika Nilsdotter.

I boken om Steneby finns ett utförligt kapitel om smederna vid Billingsfors bruk.
Vid sonen Johans giftermål i Väne-Ryr 1750 står hans föräldrars namn som Nils och Annika. På så sätt kan man hitta familjer och släkten. Johan har haft två styvmammor Annika och när pappa Nils dör i Billingsfors är Johan bara åtta år gammal.

Kanske ett samband: Mäster Jacob Hebbe är fadder vid Johan Nilsson Lowes barn Märthas dop vid Hwitlanda bruk. Erik Hebbe fadder till Cajsa Love vid Rådanefors bruk. Cajsa är halvsyster till Johan.

Familj 474, 475. Elins farmors morfars mors far och mor
Kersti – Anna – Elin – Petter – Maja-Stina – Catharina – Anders – Stina – Nils och Katarina

mjölnare
Nils Bryngelsson   * **1691**   † 18/11 **1739 Borgvik**
Catharina Jonasdotter   * **?**   † 12/4 **1730 Borgvik**

Bruk: Borgvik
Församling: Borgvik

Barn:
Stina   * 4/4 1729 Borgvik   ♥ Lars Andersson, Borgvik

Borgvik födelselängd: *"1729 Aprilius 4. föddes mjölnaren vid bruket Nils Bryngelssons och hustru Catharinas pigebarn och döptes af adj. Carl Tingelholm de 5 aprilius till namn Kristin, faddrar mjölnaren Olof Bryngelsson vid bruket, mästersven Nils Lovissons hustru Marit Andersdotter, Ammunds i S ... näs hustru Annika"*

Borgvik dödbok: *"1730. mölnaren Nils Bryngjelsons hustru Catharina Jonasdotter. Den 12 april."*

Borgvik vigsellängd: *"1730 Decemb. 28. änkemannen Nils Bryngelsson vid Borgviks bruk sammanvigdes smedänkan Maria Jonasdotter ... sammastädes."*

Borgvik dödbok: *"1739 Novembris 18 mölnaren Nils Bryngelsson. Ålder 48 år."*

I husförhörslängden för Gunnarskogs församling kan vi läsa att smedänkan Stina Nilsdotter var född i Borgvik 1729. Där får vi Stinas föräldrars namn.

1796 hade hon flyttat hit till sin son mästaren Anders Löf och Lisa Johansdotter Lofve på Träskogs verk och hon dör här efter tre år, den 27 januari 1799. I dödboken för Gunnarskogs församling står det att hennes far hette Nils Larsson. Men han hette Bryngelsson enligt födelseboken i Borgvik.

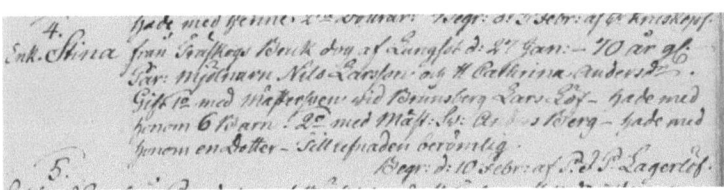

enk. Stina från Träskogs bruk dog af lungsot den 27 jan. 70 år gammal. föräldrar Nils Larsson och h. Cathrina Andersdotter. Gift 1° med mästersven vid Brunsberg Lars Löf - hade med honom 6 barn. 2° med mästerswen Anders Berg - hade med honom en dotter. Till levnaden berömlig. Begravd d. 10 febr af .. Lagerlöf

1745 finns en flicka Stina Nilsdotter hos mjölnaren Jöns Olsson, Brunzellarnas anfader. 1746 finns Stina bland inhysesfolket under Borgviks bruk. Sen hittar jag henne inte mer i Borgvik.

Anders Larsson   ***1687**   † 9/11 **1753 Borgvik**
Maria Bryngelsdotter *1687   † 20/6 **1747 Borgvik**

Bruk: Borgvik
Församling: Borgvik

Barn:

Lars	*25/5 1719	Borgvik	♥ Stina Nilsdotter
Mareth	*8/4 1722	”	† 22/4 1722
Erik	*15/6 1726	”	† 30/4 1727
Bryngel	*28/12 1728	”	

En Anders Larsson finns, enligt mantalslängden för Grums socken, i Norra Borgvik från 1718 till 1754.
Hustrun Maria dör den 26 juni 1747, 60 år gammal och den 26 dec samma år gifter Anders om sig med änkan Karin Bryngelsdotter vid Borgviks bruk.
Anders Larsson dör 9 nov 1753 66 år gammal av "håll och styng" och häftig feber.
Sonen Lars finns kvar vid Norra Borgvik till 1741 enligt mantalslängden och till 1743 i husförhörslängden.
I Lysviks kyrkböcker står att Lars är född 1726. Om så är fallet har Lars "fått" Eriks födelseår.

Eller också är det fel Anders Larsson för det finns en mästersven Anders Larsson med hustru Maria som får en son Anders 1732 men jag hittar ingen Lars född 1726.
I mantalslängd 1742 finns en mjölnare Anders Larsson vid Borgviks bruk…..
Här ger jag mig!

Familj 464, 465. Elins farmors farfars farfar och farmor

Kersti – Anna – Elin – Petter – Maja-Stina – Petter – Erik – Jonas – Jöns och Ingrid

mjölnare, sågare, dammvakt
Jöns Olsson	*** 1692**	**† 1772 Borgvik**
Ingrid Jonsdotter	*** 1716**	**† 1764 Borgvik**

Bruk: Borgvik, Brunsberg
Församlingar: Borgvik, Brunskog

Barn:

Olof	*9/8 1733	Borgvik	† 25/2 1738, bland faddrarna Annika Andersdotter, Johan Lowes hustru
Jonas	*** 1736 ?**		1758 ♥ Eva Henriksdotter Hamerin
Lisken	*2/2 1737	Borgvik	† 5/9 1740 bland faddrarna Peter Jernbergs hustru ----- och Lovis Maria
Lena	*18/2 1739	Borgvik	bland faddrarna Abrahams Catharina; till Kålsäter, piga hos sin farbror Jon Olsson ♥ ms Jon Persson 1758
Catharina	*2/12 1741	Borgvik	
Olof	*3/1 1744	Borgvik	bland faddrarna ms (mästersven) Pelle Stake,
Johan	* 1746	Brunskog	Brunzell, till Sälboda 1763 Kättersrud, bruksskomakare 1:a gifte Anna Stina Lungström, Viby; barn: Fredrik, Johan 2: gifte Maria Nyqvist *1761 Bada, dotter Anna Stina Brunzell
Eric	* 1748	Brunskog	
Nils	* 1750	Brunskog	faddrar: handelsman herr Magnus Hamerin på Norra Grimstad, Christian Stake vid bruket.

		Hust. Elin Eriksdotter och
		Catharina Larsdotter ibidem.
Abraham	* 1752 Brunskog	faddrar mäster Anders Boström,
		h Christina Håkansdotter,
		madam Anna Elisabeth Piscator
Maria	* 1755	
Magnus	* 1759	

Var Jöns och Ingrid är födda och var deras föräldrar kommer ifrån kan man inte hitta i kyrkböckerna längre bakåt. De kanske finns med i mantalslängder för Värmland. Borgviks bruk har inga handlingar kvar så långt tillbaka i tiden. Flera av Jöns och Ingrids barn använder efternamnet Brunzell. Jonas har senare tillnamnet Brunzell. Kommer det ifrån Brunsberg – Brunskog? Jöns finns både som sågare och dammvakt vid Brunsbergs bruk ca 1745-55.

Borgvik C:I
"5 nov 1732 sammanvigdes mölnardrängen Jöns Olsson med pigan Ingrid Olsdotter överstruket och ändrat till *Jonsdotter på Borgviks bruk. Morgongåva 10 lod silver."*
Ingrid Jonsdotter är bara 16 år när hon blir gift med Jöns!

följande anteckning står nedanför vigselanteckningen:
"NB "Jöns Olsson dödde 1772 under prästen Gunnarsons öfwer... som vardt til ... kallad at gifva för Jesu .... Natten men då ...... kom kämpade Jon med döden och dödde några minuter derefter efter en öfver måttan förd dödskamp.

NB. I en annan säng i samma ... ...i Borgviks torp låg Jönses syskonbarn Olof Nilsson också sjuk, som fick nattvarden och dödde samma dag."

Mjöldryga, den svampparasit som utvecklas och lever bland rågen orsakade många dödsfall. Man klarade inte av att rensa bort all mjöldryga när rågen maldes till mjöl. Troligen dog dessa våra förfäder av bröd eller gröt som innehållit mjöldryga. Den är oerhört giftig och döden inträdde så snabbt som det beskrivs här.

I hfl för Borgvik 1759-63 finns familjen Jöns här med sex av barnen noterade. Det är här som Jonas har födelseår 1736. I slutet av perioden finns bara Abraham och Maria kvar hemma.

Borgvik 1761:
"23 junii dödde mjölnaren på Borgviks bruk Jon Olsson af fråssan. 80 år. NB Han var en diger barnafader en Abraham."
Jon är bror med Jöns, vilket försvårat letandet efter rötter. Jons hustru hette Elin Håkansdotter.

Olof Jonsson tror jag är anfader till bl a:
Jon Olsson, 1671 – 1761, mjölnare vid Borgviks bruk, se ovan.
Jöns Olsson, 1692 – 1772, mjölnare vid Borgviks bruk och Brunskog, se ovan.
Johannes Olsson, född 1701, senare Brunzell, sågare 1729 vid Rinnefors bruk och senare vid Sälboda.
Johan Brunzell, född 1710, brukstjänsteman vid Brunsbergs bruk
Nils Olsson vid Borgviks torp   Det står i dödboken   "Jöns syskonbarn Olof Nilsson" som dog så hastigt i Borgviks torp 1772, samma natt som Jöns.
Man kan säkert hitta fler söner och kanske döttrar, men det blir en annan släkthistoria.

HAMMARBY BRUK 1500-tal - 1923
Nora och Lindesbergs socknar

Under Hammarby bruk finns Gyttorps hammare och Giärle hammare. Hammarby bruk består av Kungshammaren, Bröstarpshammaren och Järlehammaren. Rester från 1609.

Hammarby i Nora och Lindes socknar uppfördes och begagnades för kronans räkning, Kungshammaren, av Gustav Vasa,. Nuvarande bruket anlades 1632 av Andry Dress, en av Louis de Geers medhjälpare. Dress var en rik och företagsam man som skaffat sig affärskunskaper som bokhållare åt de Geer. 1631 lyckades han kapa åt sig arrendet på kronans hyttor, gruvor och hamrar i Noras och Lindes bergslager.

Andry Dress, 1585 – 1651, invandrade till Sverige från Holland på 1620-talet. Han tecknade avtal med Louis de Geer om att vara "jongman" hos Willem de Besche. 1624-27 var han förvaltare vid Åkers styckebruk. Från 1628 var han arrendator av Fellingsbro, Nora och Linde, Hammarby och Rockhammar. Han hade bergfrälse för dessa 1650.

Andrejs äldste son Otto Dress var född ca 1620 och dog vid årsskiftet 1696-97. Otto ärvde sin far och var arrendator av Nora och Lindes bergslager samt Fellingsbro, Ervalla och Näsby socknar. Hammarby

hammare, Lustholms hammare = Rockhammars bruk i Fellingsbro socken i Västmanland.
Kontraktet med staten utgick 1660. Otto Dress köpte kostsamma företag men lyckades inte föra något till ett lyckligt slut. 1659 köpte han Kroppa kronobruk i Värmlands bergslag.
Han sålde allt som tillhört fadersarvet. Hustruns arvslotter var Hillebola och Ullfors bruk i Uppland.
Otto Dress var även författare. Han översatte verk från holländska till svenska. Han har själv författat en beskrivning av järn- och ståltillverkning 1687. Den finns tryckt i Bergshanteringens vänner 18, 1925-27.

Ur Hammarby bruks historia av Emil Wessman:

När kronan satte igång sådana arbeten ute i bygderna ålades ortsbefolkningen en särskild skatt in natura s.k. hjälpegärd.
Järlehyttan var en skogshytta under Hammarby.
Gisslehyttan anlades 1570, Bröstarpshammaren. Kungliga brödernas. 1:e arrendator var Kristoffer Andersson under 1½ år. Det var en stångjärnshammare. Därefter kom kronoarrendator Hubert Gilliusson de Besche. Sen Louis de Geer och 1631 är Andry Dress från Amsterdam arrendator. 1622 skrev han kontrakt med William de Besche om tjänst och flytt till Sverige. Han dog i Nora 1651.
1632 fick han ½ hemman från Anders Nilsson och ½ hemman från Bengt Pedersen i Järlehyttan. Strax därefter 1 hemman i Järlebyn, 1 hemman i Bondebyn, och 1638 1 hemman i Skymhyttan.
1656 var Järlehyttan "alldeles förstörd och nedfallen". Andrys son Otto 1626 – 1678 ärvde sin far. Han "köpte och sålde hur som helst", han förköpte sig. 1660 sålde han till sin svåger Jakob Leijel från Skottland.
Till Hammarby bruk hörde ca 200 tunnland herrgårdsjord under eget bruk samt utgårdarna Bondebyn (gästgivaregård) och Bröstorp. 25 st hästtorp för foror, alltså för körning och transporter. 30 st dagsverkstorp.

Den 11 dec 1923 kl 16 var Hammarby bruk helt slut efter 450 år. Det var ett av landets äldsta järnbruk.

Familj 1904, 1905. Elins farmors mormors farfars farfar och farmor
Kersti – Anna – Elin – Petter – Maja-Stina – Catharina – Lisa – Johan – Nils – Lowitz – Noac och Karin

Noa Lowitzson *1620-30 tal
Karin

Enligt mantalslängderna år 1654 finns Nooe Lofwesson vid Hammarby bruk i Nora stad.
1655 finns han med hustru Karin vid Giälhytta och 1656 – 59 hos "Otto Dress bruksfolk" i Nora bergsförsamling.

barn:

Johan	* ca 1650	finns i Nora hfl 1703-07, son Noach 1691-1741, hammarsmedsmästare
Abraham	*	mästersven vid Hammarby bruk
Lowitz	* 1660-tal	

Men ....
Ur Kjell Lindbloms Nordisk vallongenealogi 1580 -1750 II:
Under släktnamnet Matthieu står att läsa:
Louis Mattheu har endast en notering i svenska arkiv. Den finns i Noraskogs dombok 22/10 1629:
"Louis Mattheu en fransk lodstöpare hade ifjol genom vådeld mist silver till 114 lod (1,5 kg) samt med några andra persedlar vilka han hade insatt hos Per i Simenstorp för vilken husen som samma, silver och persedlar vore i uppbrann. Så efter stor misstanke vore om Jöns Larsson och Pär Nilsson som hade på samma ort letat och gravet som silvret var uppbrunnet att de något därav skulle hava igenfunnit"

Noe Loveson, son till Louis Matthieu!
och far till Lowitz Noacsson som är far till Nils Lovesson som är far till Johan (Nilsson) Love, osv framåt i tiden

Om vallonnamnet Matthieu:
Redan under 1600-talets första decennium inkom två medlemmar i släkten Mathieu till Sverige. Flera av nedan redovisade individer kan vara ättlingar till någon av dessa tidiga invandrare. Några vallonkontrakt från valloner med namnet Matthieu under Louis de Geers tid finns inte. Men sannolikt har en eller ett par släktmedlemmar värvats under perioden 1616-40.
Familjenamnet Mathieu kan i Sverige ha övergått till Mattsson.

Att vi är vallonättlingar är helt klart!
Svar från Kjell Lindblom:
"Hej Kersti!
Din Noak Lovesson hittar du i Nordisk Vallongenealogi del II sid 107 i Tabell 19 under släkten Mathieu. Även de tre sönerna är upptagna i var sin tabell. Så visst är du vallonättling!
Mvh Kjell L

I så fall är Louis Matthieu min <u>mm fm mm ff ff f</u>
Enligt Kjell Lindblom finns Noe Lovesson 1662 vid Sibbhytte hammar i Nora bergslag och 1665 i Gärle hammar. Allt enligt hammartingsprotokollen.
Det finns samtidigt med Noe Lowitzson en "Noe lodstöpare" vid Hammarby, men det är förfadern till vallonsläkten Werlin. De är bosatta i Bondebyn och inte alls samma släkt.
Noe och Noe har var sin son Johan Noesson som också finns samtidigt vid Hammarby med var sina familjer och båda har i sin tur var sin son Noe, vilket stökade till sökandet.
Mantalslängd Örebro län, <u>Nora stad</u>, Hammarby bruk, Gisslehammaren,1654
Nooa Lofwesson

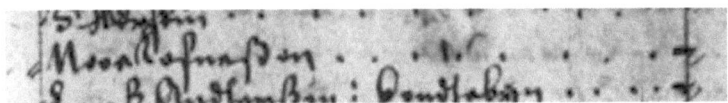

Mantalslängd Örebro län, <u>Nora stad</u>, Hammarby bruk,Gisslehammaren, 1655
Noa Lowitson med hustru Karin

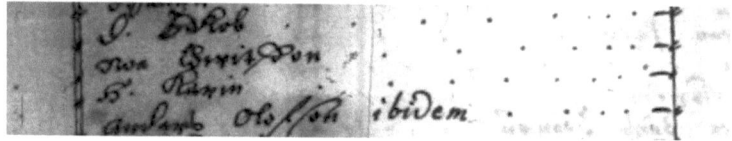

1656 finns vid Bastnääs, Gyttorp, Hammarby bruk, <u>Nora bergslag</u>, bland Otto Dress bruksfolk, Noa smed med hustru.

1657 står det bara Otto Dress bruksfolk och antal.

1658 finns inte Noa Lowitsson namngiven. Då fanns vid Hammarby 73 personer.

1659 Mantalslängd Örebro län, <u>Nora bergsförsamling</u>, Arrendatorn Msr Otto Dräss med sitt bruksfolk vid Hammarby. Nittio personer.

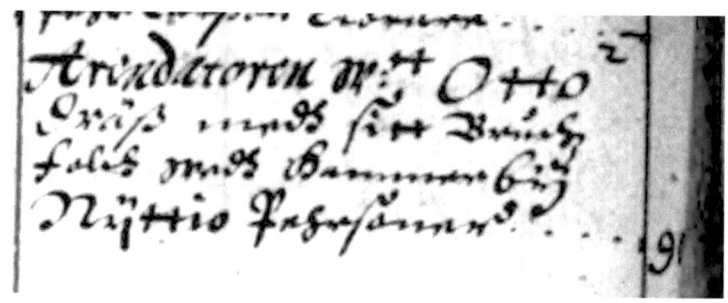

DAMMHYTTAN 1630 - 1791

Gåsborn, Färnebo socken, Örebro län.

Belägen ca 13 km norr om Filipstad. 210 m över havet. Förr kallad Damshyttan. En hammare byggdes någon gång på 1620 eller 1630-talet. Hammaren troligen ödelagd på 1680-talet på grund av skogsbrist.
Vid Dammhyttan finns inte några lämningar kvar efter bruket mer än lite slaggsten som man kan se i äldre lagårdsbyggnader och lite obeskrivbara stenar i den gräsbevuxna grusvägen.

Var det denna hytta vid Gåsborns kyrka som var Dammarna?

Här har vi en släktgren, Hammerin, 1687 -1691, 1695 -1734

Enligt mantalslängden 1687 finns Nils Henriksson här med 3 personer, 1 får och 1 ko. 1688 har en piga tillkommit. 1688-90 ingen skillnad. 1691 – 94 är de i Långbanshyttan och 1695 är de tillbaka här vid Dammarna, Damshyttan som det också kallas. 1701 finns ingen hustru och då kan vi anta att hon avlidit, men en son Erik är noterad. I husförhörslängden 1718-28 finns vid Dammhyttan Nils Henriksson med hustru Cherstin Månsdotter, sonen Erik och dottern Maria. 1703 är Henrik antecknad som fattig i mantalslängden, likaså 1709. Nils dör 1718, då står det Henriks änka Cherstin.

I januari 1695 föds vid Dammhyttan Nils Henrikssons barn Hindrich och Nils.
Henrik Nilsson Hammerin är det som vi återfinner vid Rinnfors och Brunsbergs bruk.
Tvillingbrodern Nils blir kvar vid Dammshyttan. En annan broder, Jonas Hammerin hittar vi vid Kålsäters bruk 1752 med hustru Catharina Kihlström. I sin familj har de "flickan Eva" , som är dotter till Henrik Hammerin och Elin Eriksdotter Kuse.

Familjerna håller ihop!

Familj 932, 933. Elins farmors farfars morfars far och mor

Kersti – Anna – Elin – Petter – Maja-Stina – Petter – Erik – Eva – Henrik – Nils och Kerstin

mästarsmed
Nils Henriksson   * ca 1660   † 1718
Kerstin Månsdotter   * ?   † 1734

Bruk: Dammhyttan, Långbanshyttan,
Församlingar: Färnebo/Gåsborn

Barn:
? Lars	*1688	
? Kerstin	*dec 1689	
Henric	*1691	
Nils	*jan 1695	tvillingar, döpta vid Gåsborn, kvar här vid Dammshyttan
Henrik	*jan 1695	mästersmed vid Rinnefors bruk, far till Eva Henriksdotter Hammerin
Jonas	*1699	mästersmed vid Kålsäters bruk
Eric		hustru Karin, flyttat till Borås i husförhörslängden 1743-49
Maria		

Mantalslängderna för Färnebo socken anger 1687 Nils Henriksson vid Dammhyttan. Hushållet består då av 3 personer, 1 får och 1 ko. 1688 har Nils en piga. Från 1691 till 1694 finns Nils med hustru vid Långbanshyttan. Då finns också pigan Kerstin, drängen Bengt Michelsson och drängen Lowitz. Året efter är Lowitz inte med men en dräng Clemet.

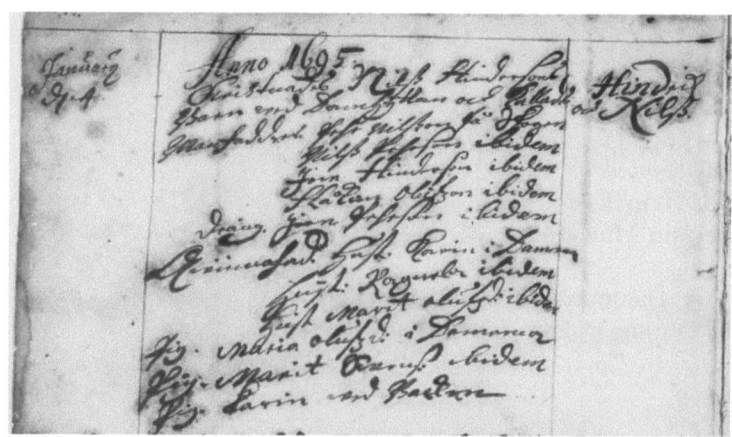

Tvillingarna Henrik och Nils föddes 4 jan 1695

Nils Henriksson finns sedan vid Dammarna/Damshyttan 1696
– 1718. Åren 1703 och 1709 står det *"fattig"* som anmärkning.
Husförhörslängden, den äldsta från 1718 har antecknat *"Nils
Henrikssons änka Kerstin Månsdotter, sonen Eric och dottern
Maria"*. Nils Henriksson vid Dammen begrovs den 12 oct
1718, enligt dödboken för Färnebo församling. Gåsborn var
kapellförsamling under Färnebo. 1734-40 finns Kerstin kvar
men dör i denna längd. Sonen Eric är gift med Karin och
Maria är kvar och en flicka Ingeborg. Många hyttor kunde inte
hållas igång hela året. De var beroende av vattenflödet. Därför
var många smeder "arbetslösa" en stor del av året. Vår och
höst var det mest arbete. Många bruksarbetare hade det
knapert långa tider.

I Färnebo finns vid denna tid Henrik Kolthoff, samma
ägarfamiljer.

LÅNGBANSHYTTAN 1560 - 1808
Filipstads bergslag,

I skattelängden för år 1560 upptogs 3 bergsmän och 2 husmän vid hyttan. Den var vid den här tiden en av de mindre hyttorna, vilket kanske kan förmodas bero på att driften nyligen startats. Under 1600-talet byggdes två stycken hamrar, den övre byggdes 1632 och den nedre privilegierades 1646. Hammarkommissionen ställde ägarna inför valet att antingen samsas om två härdar i samma smedja eller också lägga ned den ena härden i vardera smedjan. Man valde den senare utvägen, vilket är förklarligt, då man vet att den nedre hammaren till största del ägdes av den mäktiga filipstadsborgaren Nackrej och den andra av sex bergsmän.

Den norra hammaren brann upp 1710 och fick ej återuppföras. Den södra hammaren fick behållas men smidet inskränktes från 440 till 200 skeppund..

Här har vi en släktgren, Hammerin, 1691-94
I mantalslängden 1691 – 94 finns vid Långbanshyttan Nils Henriksson med hustru. De hade en piga Kerstin och två drängar, Bengt och Lowitz. Med livlig fantasi skulle det kunna vara Lowitz Noacsson. I fall att någon skulle få den tanken så är det tyvärr inte så eftersom Lowitz var i Borgvik från 1690.

BRUNSBERG 1686 - 1882

Brunskogs socken, Värmlands län

Gamla kvarnen vid Brunsbergs bruk.

1684 fick Christoffer Geijers son privilegier för en stångjärns-
hammare som anlades vid nedre fallet 1686. 1691 anlades den andra
hammaren vid nedre fallet. 800 skeppund, dvs 110 ton, smide
producerades varje år.

Brunsbergs bruk hörde under Borgvik!
Vid Brunsbergs bruk har vi två släktgrenar:
Brunzell och Hammerin

Släkten Hammerin 1722 - 1738
Henrik Nilsson, född i jan 1695 i Gåsborn, Dammshyttan,
Färnebo. Henrik finns här 1722 som lärodräng samtidigt med
både Bryngel och Olof Kuse. De är bröder till Henriks fru Elin
Eriksdotter Kuse. 1730-35 är Henrik inte med i mantals-
längderna här men 1736 är han mästare. Från 1738 är Henrik
vid Rinnfors bruk.
Brunsberg och Rinnfors står gemensamt i mantalslängderna.
En Magnus Hammerin är bruksskrivare vid Brunsberg från
1728.

Släkten Brunzell 1745 - 1755
Mjölnaren Jöns Olsson med hustru Ingrid Jonsdotter bodde här
1745 till 1755. Fast då är han inte mjölnare utan sågare och
dammvaktare. Flera av Jonas Jönsson Brunzells syskon är
födda här de åren. Därefter har familjen flyttat tillbaka till
Borgviks bruk. Om de nu flyttade fram och tillbaka.

53

RINNEFORS BRUK 1695 - 1868

Boda och Gunnarskogs socknar, Värmlands län

Mitt ute i skogen i en grusvägskorsning fanns en anslagstavla med information om det gamla bruket.

1695 anlade Christoffer Geijers son ytterligare en hammare i Vadälven med två härdar och en årsproduktion på 950 skeppund. En såg fick rivas för att hammaren skulle kunna byggas. Detta bruk

54

kallades Rinnefors och hör till Brunsbergsverken. Arvikander var en av delägarna. **Se nedan om släkten Hammerin!** Rinnefors är bruket som egentligen ligger i två socknar. Boda och Brunskog. Man hade avtal kyrkorna emellan och bruken.

Vid Rinnefors bruk har vi två släktgrenar, nästan tre:
Kuse och Hammerin och lite Brunzell.

Släkten Kuse 1704

Mästersmeden Erik Olofsson Kuse var gift med Margita Arvidsdotter. Erik kom hit med hustru och barn 1704. Erik dör här 1730 och Margita 1739. Barnen Olof, Bryngel och Elin står alltid med tillnamnet Eriksson Kuse.

Elin Eriksdotter Kuse gifter sig med mästersmeden här Henrik Nilsson Hammerin och de flyttar till Kålsäters bruk. Sen kommer de tillbaka hit till Rinnforsen. 1739 är Henrik mäster. Elins bröder Olof Eriksson Kuse och Bryngel Eriksson Kuse är mästersmeder här samtidigt. Olof minst 1731-50 och senare Olofs son Petter Olofsson Kuse.

Enligt mantalslängderna finns det väldigt många med namnet Kuse vid Rinnfors bruk.

Släkten Hammerin 1704

1758-59 finns hammarsmed Henrik Nilsson Hammerin under Ertetan i Boda socken med hustru Elin Eriksdotter Kuse och dotter Efwa Hindriksdotter. 1759-68 är Henrik och Elin inhyses under Dolpan, Grimstad. Elin dör 1767 och Henrik 1772.

Henrik var född vid Dammhyttan, Färnebo i Gåsborn socken, hans far var Nils Henriksson och mor Kerstin Månsdotter. Henriks och Elins, Hammerin och Kuse, dotter Maria är

hushållerska hos bruksherrn Jean Arvicander på norra Grimstad. Britta och Catharina finns här också som pigor.
På södra Grimstad bor Magnus Hammerin *1710 †1767, hans bror Erik Hammerin *1712, syster madam Britta Hammerin och hennes dotter Anna Lisa Ekberg.
Om alla dessa Hammerin är släkt har jag inte rett ut.

Boda. en stenkyrka från 1674 som föregåtts av en träkyrka från 1616. Gammalt järnkors på kyrkogården. Kan säkert vara för någon förfader/förmoder!

Släkten Brunzell

Eva Henriksdotter Hammerin gifte sig 1758 i Boda med Jonas Jönsson, mjölnare från Borgviks bruk. 1759 föds deras dotter Catharina som sedan under hela sin uppväxt vistas hos mormor och morfar i Boda socken. Jonas Jönsson tar sedan namnet Brunzell. Även fler av hans bröder. Det är inte helt klart var Eva och Jonas vistas åren 1759-61, kanske Brättne, men 1761-63 är de i alla fall i Borgvik
Det finns flera Brunzellare vid Rinnfors bruk men inte i rakt nedstigande led till mig och vad jag minns är de ingifta.
I boken om Boda står att läsa om Johannes sågare vid Rinnefors som lagt 6 öre i kollekthåven 1729 samma år som ett av hans barn döptes.

56

Familj 934, 935. Elins farmors farfars mormors far och mor

Kersti – Anna – Elin – Petter – Maja-Stina – Petter – Erik – Eva – Elin – Erik och Margita

mästersmed

Erik Olofsson Kuse	***1650**	**†1730 Boda**
Margareta Arvidsdotter	***1664**	**†1739 Boda**

Bruk: Rinnefors,
Församlingar: Boda

Erik är mästersmed vid Rinnfors bruk. Var han kom ifrån vet jag inte. Men det finns en Olof Eriksson i Kuseryd i Nora bergsförsamling 1647 - 51. Kanske?
Margareta vet jag ingenting om.

Barn:

Olof Eriksson Kuse   *1700   †1759 mästersmed minst 1731-50 vid Rinnfors bruk.
♥ Sara Adamsdotter Gävert. När Olof dör flyttar Sara till Nolsjö Barn: Erik, Petter, Maria, Johan Stina
1734 ♥ Margaretha Andersdotter. Morgongåva 20 lod silver.

Bryngel Eriksson Kuse   * ?   †1758 mästersmed vid Rinnfors bruk. 1742 ♥ Annica Brattström från Philipstad

Elin Eriksdotter Kuse   *1703   ♥ mästersmed Henrik Nilsson Hammerin, Rinnfors bruk.

Boda dödbok:
"1730 6 sept. mästersmeden Erik vid Rinnforsen. Lefvat ...... i 80 år."

"1739 febr. begrofs änkan h. Margita vid Rinnforsen. 75 år."

Enligt Family Search finns flera barn:
Lars 1701, Anna 1705, Jonas 1707, Britta 1709

Alla de barnen ska vara födda i Karsbohl i Frykeruds församling. Enligt husförhörslängderna för Frykerud 1725-29 och 1730-35 finns Erik Olofsson och hustru Britta Elofsdotter med sonen Olof Eriksson och dottern Elin Eriksdotter i Karsbohl. Att denne Erik Olofsson är Erik Olofsson Kuse tror jag inte eftersom det i Frykeruds vigselbok finns Elin Eriksdotter från Kahrsbohl som gifter sig 1735 med Anders Andersson.
Min Elin Eriksdotter gifter sig 1728 med Henrik Nilsson Hammerin!

Man får aldrig glömma att göra sina egna efterforskningar och jämföra fakta som föräldrar, syskon, vigslar i kyrkböcker och mantalslängder innan man går ut med "fakta" om sin egen släkts rötter. Det kan bli så FEL!

Familj 466, 467. Elins farmors farfars morfar och mormor

Kersti – Anna – Elin – Petter – Maja-Stina – Petter – Erik – Eva – Henrik och Elin

mästersmed och mästarsmedsdotter
Henrik Nilsson Hammerin * 14/1 **1695 Gåsborn**
                                              † **1767 Boda**
Elin Eriksdotter Kuse   * **1703 Boda** † **1767 Boda**

Bruk: Dammshyttan, Kålsäter, Rinnfors
Församlingar: Gåsborn/Färnebo, Långserud, Boda

Barn:

Britta	*15/7 1729	Långserud	Hammerin, hos Arvicander på norra Grimstad
Margaretha	*2/10 1730	Långserud	
Kersti	*16/1 1732	Långserud	
Nils	*30/5 1734	Långserud	
Erik	*5/1 1735	Långserud	
Maria	*1736	?	Hammerin, piga N Grimstad 1762 hos Arvicander
Efwa	*29/3 1739	Boda	1758 ♥ Jonas Jönsson Brunzell
Cajsa	*1740		Boda 1758-63 Rinnfors ♥ Anders Andersson Hane
Cathrina	*1741		Hammerin hos Arvicander på norra Grimstad, ♥ Anders Pålsson, södra Grimstad.

Henrik är son till mästarsmeden Nils Henriksson vid Dammshyttan. Henriks tvillingbror Nils är kvar vid Dammshyttan. Elin är dotter till mästersmeden Erik Olofsson Kuse vid Rinnfors bruk och Margaretha Arvidsdotter.

59

Henrik finns vid Kålsäters bruk 1728-35 enligt mantalslängderna. Elin och Henrik gifte sig 1728. När Kersti föds 1732 är Henrik mäster vid Kålsäters bruk. 1735 kommer Henrik till Rinnfors bruk, först som hammarsmed och är sen mäster när Efwa föds 1739. 1751 finns en flicka Efwa *1739 hos mäster Jonas Hammerin på Kålsäter. Det är hennes farbror.

Födelselängd Boda 1739:
"den 29 mars christnades mäster Hindrich Nilssons och hustru Elin Eriksdotters barn vid Rinnforsen och döptes samma dag och kallat Efwa. Wittnen mäster Bryngel Kuse, mästersven Nils Jonsson, ? Jansdotter och hustru Karin Matsdotter vid Rinnforsen."

Från husförhörslängder för Boda socken 1759-60:
*Införd under Ertetan hammarsmeden Hindrik Nilsson Hammerin *1695, hustru Elin Eriksdotter Kuse *1703 och dotter Eva Hindriksdotter *1739.*

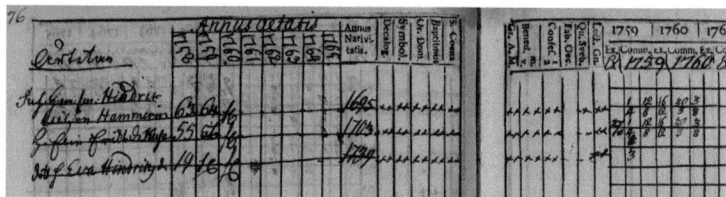

Boda 1759-63, 1764-68:

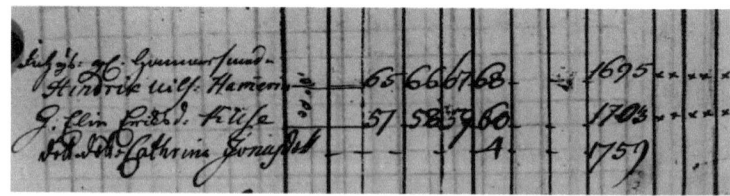

Inhyses på Dolpan under Norra Grimstad finns *gamle hammarsmeden Hindrik Nilsson Hammerin *1695, Elin Eriksdotter Kuse * 1703 och deras* **dotterdotter** *Catharina Jonasdotter *1759.*

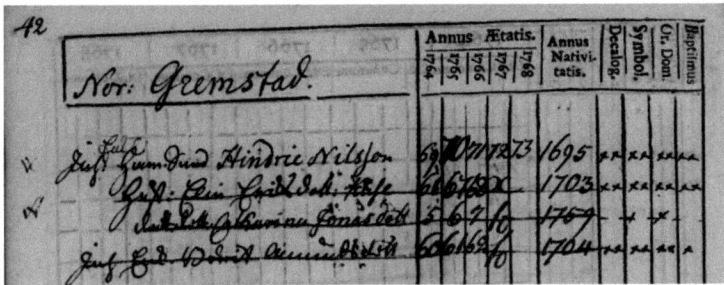

Alltså ingen tvekan om släktskapet. Catharina är Jonas Jonsson Brunzell och Eva Henriksdotter Hammerins äldsta barn.

Begravningsboken för Boda 1767:

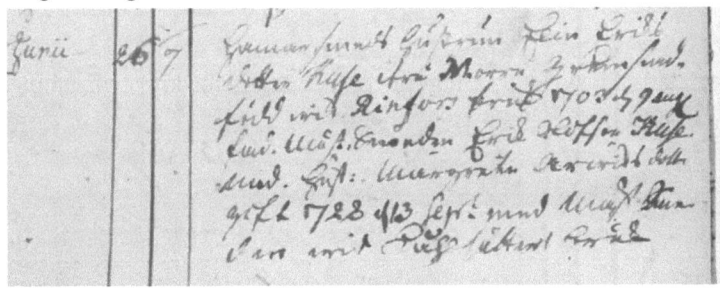

Hammarsmedshustrun Elin Eriksdotter Kuse ifrån Norra Grimstad född vid Rinnfors bruk 1703 den 9 aug. fader mästersmeden Erik Olofsson Kuse. Moder Margareta

61

Arvidsdotter. Gift 1728 den 13 sep med mästersmeden vid Kåhlsäters bruk.
Här fick jag namn, bruk, vigseldatum, föräldrar, födelseort. Det är inte särskilt ofta det finns antecknat så utförlig levnadshistoria i kyrkböckernas begravningslängder.
Henrik och Elin drabbades av frossan och begravdes samma dag 21 maj

Hindric Nilsson Hammerin insjukand uti fråssan i maj ...
avled uti fråssan denna månad. levat mycket stadig och
berömlig. 64 år. Lik test o begravd 5.21 (21 maj)

När det står skrivet så här får man både släktskap och namn verifierade och kan gå vidare på djupet

I Linus Brodins bok "En bok om Boda" står att en hammarsmed Hindrik Nilsson Hammerin, född 1695, död 1772, bodde i Ertetan vid samma tid som det i södra Grimstad bor flera Hammerin.

Och detta finns att läsa i husförhörslängder:
På Södra Grimstad bor samtidigt
Bruksskrivare och handelsman Magnus Hammerin *1710, broder Eric Hammerin *1712,
Är detta syskon till Henrik? *1695 och Jonas *1699.
Syster madame Britta Hammerin *1704 och hennes dotter Anna Lisa Ekberg *1741 ? m fl.
I födelseboken för Brunskog 1748 finns som dopvittne en *"mäster Erich Hamerin"*.

Norra Grimstad: Bruksherrn Jean Arvicander *1680. Hushållerska Maria Hindrihsdotter Hammerin *1736, Britta Hindrichsdotter *1729, Catharina Hindrichsdotter *1741. Alla tre döttrar till Henrik Nilsson Hammerin och Elin Eriksdotter Kuse. Här bor också många fler.

RÅDANEFORS BRUK 1731 -
Ödeborgs socken, idag Färgelanda

Rådanefors i Ödeborgs socken. 1731 den 29 Nov. erhöll rådmannen i Uddevalla Jöns Kock tillåtelse att på egen risk få framföra virke till bruksbyggnad å sin gård Mellan-Rådane, och 1732 den 22 Juni privilegium att i strömmen mellan denna gård och Kasslerådane bygga en hammare med 2 härdar till ämnessmide för **Kålleruds** manufakturverk i Ryr socken, Wäne härad af Westergötland, men ej till afsalu vid vite af jernets konfiskation och 1,000 daler silfvermynts böter. Gemensamt med Öxnäs finge uppköpas 1,200 Skepp. Tackjern till förbrukning. 1747 den 14 Febr. erhölls förlängning af frihetsåren och bestämdes smidet till 700 Skepp. hammarskatten till 7 Skepp. Genom Kongl. brefvet den 26 Maj 1762 lemnades borgmästaren i Uddevalla Michael Kock rättighet att förvandla sin andel, 175 Skepp. ämnessmide, till stångjern. 1813 den 3 Juni tillät Kongl. Maj:t, på lika sätt och vilkor som vid Öxnäs, få till stångjern utsmida och försälja hela ämnessmidet. Hammarskattslängden 1845 upptager 700 Skepp. smide och 7 Skepp. hammarskatt. Här äro 2 Engelska härdar, 1 räck- och 1 smält-hammare. Bruket såldes 1764 till Johan Cahman som drev det jämte Kollerö och Öxnäs. 1779 sålde han alla bruken till Johan Hall den äldre.

Rådanefors är ett litet brukssamhälle strax öster om Stigen. Här låg en gång ett järnbruk startat av Jöns Kock. Även Nils Kock fanns här. Idag finns bara ruiner av järnbruket kvar.

Här finns en släktgren, Lowe, kanske två, Bast.

Släkten Lowe 1735 - 1738

Nils Lovisson var den av förfäderna som först flyttade från Borgvik. Troligt att Nils fick följa med hit vid starten av det nya bruket. Han bor här bara ett par tre år men är ändå gift två gånger och får två döttrar. I Borgvik hade han varit gift tre gånger och fått tre barn där.

Härifrån flyttas han till det nya bruket i Billingsfors. Hans familjehistoria ligger vid Borgviks bruk. Kock känner jag igen från mantalslängderna vid bruket.

Här nämns både Kållerö och Rådanefors bruk. Nils son Johan Lowe är född vid Borgviks bruk. Därefter hittar vi honom vid Kållerö bruk innan han flyttar till Hwitlanda och sen till Löfstahoms bruk.

Släkten Bast

Om Carl Bast, mästersmeden vid Bada bruk är son till mästersmeden Jean Månsson vid Hwitlanda bruk i Tösse, vilket jag påstår, så är Carls bröder mästersmed respektive mästersven här vid Rådanefors. Carl är vid Lidefors bruk 1753 så om han var här vid Rådanefors var det före 1753. Här har vi återigen kopplingen mellan Lowe och Bast. Man känner varandra. I boken Gamla Steneby uppges att smeden Petter Johansson Sörström, född i Tösse, son till mästersmeden Jean Månsson och Ingebor Persdotter, är vid Billingsfors bruk 1743-53.

65

BILLINGSFORS BRUK 1739 –

Steneby socken, Dalsland, Älvsborg län

Billingsfors bruk 2010

På Storön anlades manbyggnader 1739 av Nils Kock. Han var född 1707 på Tjörn och var son till prosten Mich. Kock. Här fanns färgeri, stampar, mjöl- och grynkvarnar, tegelbruk och pappersbruk.

Följande är hämtat från Wikipedia 2010:

Billingsfors bruk kom till genom ett lurendrejeri.

Bakgrunden är följande: Under den så kallade frihetstiden efter Karl XII:s död uppmuntrades alla manufakturer att minska importen av olika produkter. En manufaktur kan ses som en mellanform av hantverk och fabrik. Där fanns fortfarande gesäller och lärlingar, men arbetet var ofta mer specialiserat så att vissa personer bara gjorde en del i en produktionskedja. Manufakturer fanns inom många områden, som väverier, porslinsfabriker etcetera. Ett av de första verken för järnmanufaktur anlades 1725 i Kollerö i närheten av Vänersborg. Detta ägdes av Uddevallaborgaren Jöns Kock, som snart grundade liknande verk även i Öxnäs och Rådanefors i södra Dalsland.

Billingsfors, Rådanefors och Kollerö bruk
här har vi förfäder.

Efter ytterligare några år ville Jöns Kock utöka verksamheten. Det gällde då att finna en plats med god tillgång till vattenkraft och stora outnyttjade skogstillgångar. Han hade hört om en lämplig plats där Upperudsälven rinner ut i Laxsjön på gränsen mellan Steneby och Laxarby socknar. Hans yngre bror Nils, som då var bokhållare på Öxnäs, sändes dit för att undersöka platsen.

Vid sin återkomst avrådde Nils sin bror att börja bygga. Istället förhandlade han själv med ägaren av marken och lämnade 1736 tillsammans med denne in en ansökan till Bergskollegium om att få starta ett bruk. Det här ledde naturligtvis till bråk med Jöns, som på alla sätt försökte stoppa anläggningen. En skriftväxling fylld av påhopp och insinuationer följde. Även sågverksägare i Åmål, Vänersborg och Uddevalla protesterade. Men trots motståndet och sitt bedrägliga förfarande fick Nils Kock sitt privilegium i maj 1738.

Till en början framställdes ett stort urval varor: Rund-, bult- och plattjärn i olika dimensioner, klippta och oklippta plåtar, sågblad, spadar, skyfflar, yxor, hästskor och så vidare. Tillverkningen baserades emellertid på köpt tackjärn, och dels var tillståndet till köp begränsat till 200 skeppund (ungefär 27 ton) per år, dels var det svårt att få jämn kvalitet på tackjärnet. Kock prövade därför att komplettera verksamheten med en kopparhammare och ett pappersbruk. Det sistnämnda, som bara var i drift mellan 1747 och 1752, är intressant med tanke på brukets nutida verksamhet. Efter dyrbara försök med en ny smidesmetod i kombination med en översvämning och allmänt dåliga år gick Nils Kock i konkurs. Bruket såldes på auktion ...

67

Här finns en släktgren, Lowe. Kanske två, pyttelite Bast

Släkten Love 1738 - 39

Nils Lovisson, född i Borgvik är en av de första smederna som anställs vid Billingsfors bruk. Han dör här redan 1739 endast 38½ år gammal. Då har han varit gift fem gånger och har fem barn. Mellan tiden i Borgvik och sin tid i Billingsfors var han några år vid Rådanefors bruk i Ödeborgs socken.

Släkten Bast 1743 - 53

Jean Månsson är mästersmed på Hwitlanda bruk och av mig förmodad far till mästersmed Carl Bast. Carls bror Petter var smed här 1743 – 53 och då kallades han Petter Johansson Sörström.

Johan Love, son till Nils kan ha bott kvar vid Billingsfors efter det att Nils dog 1739. Johan vara bara nio år då och kan ha haft kontakt med Månsson-Johansson-Bast- släkten. Johan kom ju sen till Hwitlanda som nygift och Jean Månsson är fadder till hans första barn, dottern Märta. Johans änka Britta Bengtsdotter gifter om sig på gamla dar med Carl Bast, som då är mästare vid Bada bruk.

Två av Jean Månssons söner är smeder vid Rådanefors bruk där Nils Love tidigare var smed. Allt hänger ihop hela tiden.

Göte Jansson skriver om Smederna vid Billingsfors bruk 1738 – 1885 i boken Gamla Steneby:
"De första smederna som kom till bruket hade förmodligen ryktet om sig att vara mycket duktiga yrkesmän och var kanhända också "handplockade" av brukspatron själv."

KOLLERÖ BRUK 1725 - 1893

Bäve och Väne-Ryrs socknar. Bohuslän och
Västergötland,

Bruket låg på gränsen mellan Bohuslän och Västergötland, Lane
härad och Väne härad, Bäve socken och Väne Ryrs socken, Övre
Bräckes ägor och Getereds ägor. Omflutet av Risån.

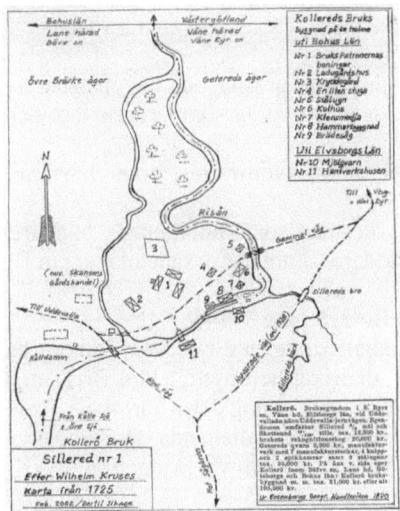

Ur Trollhättebygdens släktforskare tidning nr 2/2002:
Den 16 april 1725 fick rådman Jöns Koch i Uddevalla och direktör
Johan Dessau tillstånd att anlägga en stålugn, hammare och
knipphammare vid Kollered. Jöns Kock var huvudman och han
anlade även Oxnäs bruk 1726, Rådanefors bruk 1732 och
Fredriksfors bruk i Undenäs 1738. Han försökte samordna
produktionen vid dessa bruk, där Kollerö från början fick rollen som
Västra Sveriges första och största stålbruk.
En del av de första smederna vid Kollerö kom från Bergslagen bl a
Johan Love.

69

Jöns Kochs bror Nils Koch, som anlagt Billingsfors bruk, bodde en tid på Kollerö.

Johan Cahman, en av de tillkommande delägarna var av känd orgelbyggarsläkt. Han hade tjänat mycket pengar på trankokerierna på västkusten, vilka han lär ha varit den förste att starta. Cahman tycks ha varit påhittig och driftig och utvecklade både Kollerö och sina övriga järnbruk, Öxnäs, Rådanefors och Loviseholm.

Cahman sålde sina järnbruk till Johan Hall d ä 1779. sonen Johan Hall d y ärvde och det gick ju som det gick med hela hans förmögenhet – över styr. Kollerö såldes på exekutiv auktion 1810.

Kollerö hade redan från 1730-talet egna präster och någon form av kapell. Några av smederna fick hedersuppdrag som kyrkvaktare och klockare.

Kolarna bodde inte på själva bruksområdet utan närmare rekognitionsskogarna.

Vid bruken fanns också andra yrkesmän som stålbrännare, böckare, kolare, sågare, tunnbindare, skräddare, skomakare, sadelmakare m fl.

Ur Johan Oedmans "Bohus läns Beskrivning" 1746:
"Hr Rådman Jöns Koch har emellan Uddewald och Vennersborg på Kollered anlagt ett wackert och för Riket helt nyttigt Järn Bruk med åtskilllige Hamrar, hwarest af Tack- och Stång Järn från thess Bruk på Öjäs i Wärmlands Del bli tillwärkade allehanda Järn-Redskap såsom Spadar, Hästskor, Spjäll, Spikar och jämwäl skiönt Stål."

Här har vi en släktgren, Lowe

Släkten Lowe 1750 - 1751

Johan Nilsson Lowe född 1730 i Borgvik. Son till Nils Lowe och sonson till Lowitz Noacson och Maria. Johan gifter sig i Väne-Ryr 1750. Johan och hustru Britta flyttar sen till Hwitlanda bruk i Tösse, och därefter till Löfstaholms bruk i Lysvik.

70

HWITLANDA BRUK 1691 - 1769
Tösse församling, Dalsland

Hvitlanda i Tösse socken.

1691 den 11 Dec. privilegieradt för bruksförvaltaren Joh. Meyer på skattehemmanet Vestra Hvitlanda egor, till 1 hammare med 2 härdar och 6 års frihet. 1695 skattelagdt till 600 Skepp. årligt smide samt 6 Skepp. hammarskatt. Med år 1740 fick bruket 200 Skepp. tillökning i smidesrättigheten. 1745 den 6 Juni privilegium på 1 ämneshammare och 150 Skepp. samt 1746 den 9 Okt. vidare tillökning af 150 Skepp. 1775 den 2 Dec. resolution att denna hammare fick flyttas till Loviseholm i Töftedals socken. 1780 den 14 Juni privil. att här vid öfra vattenfallet få bygga en stångjernshammare samt från Ställbergs bergsmanshammare i Skinnskattebergs socken af Westerås län hitflytta en härd till uträckande af 300 Skepp. här redan privilegieradt smide. 1815 den 26 April tillstånd att i afräkning på hammarskatten tillverka skeppsankare, med vilkor att 2 Skepp. ankare skulle motsvara 3 Skepp. stångjernssmide. 1835 den 13 Okt. tillstånd att införa Engelska smidesmetoden utan tillökning i verkstädernas antal. 1837 den 6 April tillåtelse att flytta en härd härifrån till Kristinedal. 1840 den 10 Febr. privil. på 1/3 tillökning i smidet mot 1 1/2 proc.

71

hammarskatt. 1845 års hammarskattslängd visar 2 hammare, 2 härdar, 1,066 Skepp. 13 Lisp. smide och 10 Skepp. 13 Lisp. 7 p. hammarskatt. Enligt egarens uppgift är här 964 Skepp. privilegieradt smide.

Bruksanläggaren Joh. Meyer blef, enligt Tössbo dombok, ihjälskjuten 1699. Hans lösbo seqvestrerades för kreditorerna. 1703 såldes Hvitlanda jernbruk af enkefru Sigrid Juliana Ekehjelm (hennes man hade varit svåger med Meyer) till handlanden i Göteborg Cornelius Thorsson för 4,600 daler silfvermynt. Hans son Samuel Thorsson ärfde och innehade egendomen till 1778, då den såldes till Dals bergssocietet. Detta bolag afyttrade jernbruket m. m. 1791 till justitiarien L Segerström, hvilken åter sålde det 1792 till brukspatronen Christoffer Sahlin. Vid hans död, den 7 Maj 1831, tillföll jernbruket hans ende son, brukspatronen Maurits Sahlin, som sålde detsamma jemte landtegendomar 1849 till brukspatron J. Thran i Uddevalla. Efter några månader afyttrade herr Thran en del af det inköpta godset till åtta personer, som inropade på auktion hvar sin lott, men har ännu ej lyckats få köpare till stångjernsbruket och det återstående af landtegendomarne.

I boken Gårdshistoria från Tösse – Tydje av Victor Olsson kan man läsa på sid 187 och följande. Hwitlanda bruk. 1735 köpte Cornelius Thorsson bruket. Han maka Katharina Schütz gifte senare om sig med köpman Eric Koch, son till Jöns Kock, grundaren av **Kollerö, Öxnäs och Rådanefors bruk**. Hwitlanda lades ner 1769.

När vi var i Tösse och letade och frågade efter bruket fick vi svar:
"jaha - valloneras - det är därborta!" Levande i folkminnet efter 240 år.

Bruken i Rådanefors, Billingsfors, Kollerö och Hwitlanda de har beröringspunkter.

Här i Tösse gamla kyrka har Jean Månssons barn döpts, Jean och hans hustrur blivit begravda och Johan Loves och Brita Bengtsdotters äldsta dotter Märta blivit döpt.

Tösse gamla kyrka från 1200-talet har en lång historia om avkristning, återinvigning, olika användningsområden och renoveringar. 2019 avkristnades den senast och lades ut till försäljning. Den är kulturminnesförklarad så man får inte göra vad som helst med den. Kyrkogården som schaktades bort under 1800-talet är fornminnesförklarad.

Här har vi tre släktgrenar Bast, Love och Lundberg

Släkten Bast före 1730 - 1768

14 januari 1729 föddes Carl, Johans och Ingeborgs son i västra Hwitland. Jag tror alldeles bestämt att detta är Carl Basts födelseort och föräldrar. Mäster Johan Månsson på Hwitlanda bruk och hans hustru Ingeborg Persdotter.

Släkten Lowe 1750 - 1752

Knippsmeden Johan Love *1730 i Borgvik finns vid Hwitlanda hammare enligt mantalslängderna 1750-51-52. Först har han varit en kortare tid vid Kollerö bruk. Han gifter sig där i Väne-Ryrs socken 1750 med bondepigan Britta Bengtsdotter. Här i Hwitlanda föds deras äldsta dotter Märta 1751. Samma år flyttar familjen till Löfstaholms bruk i Lysvik, Värmland.

När Britta blir änka gifter hon om sig med mästaren Carl Bast vid Bada bruk. Carl och Britta har säkert träffats här och känner varandra sen gammalt. Geografiskt är det heller inte så långt mellan Löfstaholm och Badabruk.

Släkten Lundberg 1849 - 1852

Andreas Jonasson, mormor Elins farfar, född 1828, flyttar 1849 till spiksmeden Johannes Spik som dräng. Andreas är inte tidigare skattskriven, men blir det här. Sen flyttar han till Hanefors bruk och träffar Maja-Stina Brunzell, som han gifter sig med 1852.

468, 469. Elins farmors farmors far och mor
Kersti – Anna – Elin – Petter – Maja-Stina – Petter - Britta – Carl – Jean och Ingeborg

hammarsmedsmästare
Jean Månsson   *** 1684**   † 20/3 **1768 Tösse**
Ingeborg Persdotter   *** 1687**   † 12/3 **1752 Tösse**

Bruk: Hwitlanda
Församlingar: Tösse

Barn:
Jonas	*17/11 1717	Tösse	
Måns	*1719		mästare vid Hwitlanda
Petter	*29/7 1720	”	†1783 Ödeborg sn, Johansson Söderström
Maria	*28/5 1722	”	
Sara	*19/4 1726	”	
Carl	*14/1 1729	”	Johansson Bast, mästersmed Bada bruk, far till Britta Bast som gifter sig med Erik Jonsson Brunzell
Andreas	*29/11 1731	”	†1805 Ödeborg Rådanefors bruk Anders Johansson Söderström
Annika	*2/5 1736	”	

Varifrån eller när Jean Månsson kommer till Hwitlanda bruk har jag inte lyckats spåra. Jean var hammarsmedsmästare vid Wästra Hwitland. När första hustrun Ingeborg dör gifter han 1753 om sig med Britta Persdotter och får ytterligare två barn Ingeborg och Magnus.

75

Födelseboken 1729. Carl, Johansson och Ingeborgs son i Wästra Hwitland ....

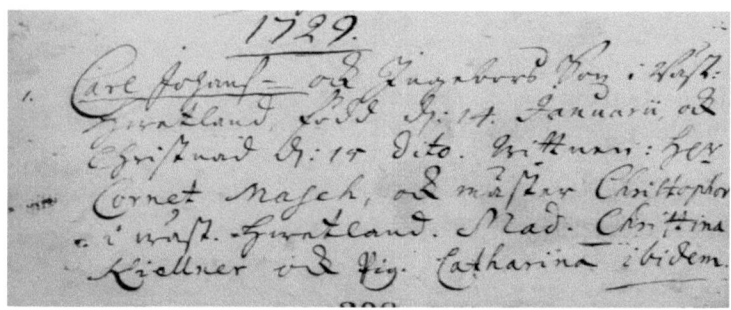

"Carl Johanssons och Ingeborgs son i Västra Hwitland född d 14 januari och christnad d 15 dito. vittnen: herr Kornet Masch och mäster Christopher uti västra hwitland. Mad Christina Kiellner och pig Catharina ibidem"

Ur dödboken:
år 1752. *"Mästersmeden Joh. Månssons hustru Ingeborg Persdotter begrovs 20 mars, dödde 12. gammal 65 år"*

år 1768. *"Mars 20 begrovs gamle smeden från Hwitlanda bruk Jean Månsson av mag Pehr Fernmark. Sjukdom bröstvärk och håll och sting. Ålder 80 år"*

LÖFSTAHOLMS BRUK 1750 - 1880
Lysviks församling, Värmlands län

Löfstaholms bruk anlades runt 1750 då assessor Antonsson fick tillstånd att flytta Edsvalla manufakturverk. Byggandet skapade liv och rörelse i en så gott som obruten skogsmark. För att kunna driva ett bruk var det nödvändigt att ha tillgång till skog. Det gick åt mycket ved och kol.

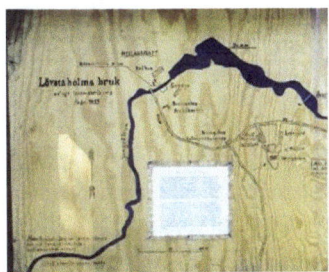 

Här i Lövåsen som det också heter hade man haft en studiecirkel och tagit reda på vad man kunnat hitta om det gamla bruket. Det finns en liten skrift till försäljning i lanthandeln tillika turistinfo och man har gjort i ordning en promenadslinga och ritat en karta.

När vi kom till Malbacken på vår jakt efter Löfstaholms bruk stod det plötsligt Turistinformation på en vägskylt som pekade mot en liten lanthandel. Därinne fanns en liten bok "Minnen från Löfstaholms bruk" som jag genast inköpte. Förfäderna finns omnämnda bland de första inbyggarna vid bruket.

Vid Löfstaholm har vi två släktgrenar: Lowe och Löf.

Familjen Lowe 1751 - 1775

Johan Lowe och Britta Bengtsdotter flyttade från Hwitlanda bruk där Johan var knippsmed. De hade gift sig 1750. 1751 flyttade de till "Löfåsens colloni" när deras äldsta dotter Märta bara var några månader gammal. Alla barnen föds sedan här vid Löfstaholms bruk. Nils, Britta, **Lisa**, Gustav och Catharina.

Johan blir kvar här fram till sin död 1775. Änkan Britta gifter om sig med mästersmeden Carl Bast vid Bada bruk.

Märtha gifter sig med Håkan Persson på Skäggegård i Lysvik. Det är från henne som vi har gemensamt ursprung med Tage Erlander genom Johan Lowe och Britta Bengtsdotter.

Familjen Löf ca 1751 -

Smältaren Lars Andersson och hans hustru Stina Nilsdotter flyttar från Borgvik till Löfstaholms bruk och var liksom Johan Lowe och Britta Bengtsdotter bland de första arbetarna där. Alla deras barn är födda här. Karin, **Anders**, Annika, Lena och Maria.

Lowe ♥ Löf

Anders gifter sig med Lisa. Anders Larsson och Lisa Johansdotter Lowe har båda vuxit upp här i Löfstaholm och känner varandra redan som barn fastän de gifter sig vid Träskogs verk 1784 i Gunnarskog. Och bådas föräldrar är födda vid Borgviks bruk.

Vid Löfstaholms bruk är man faddrar till varandras barn. Johan Lowe, Johan Bånge, Stina Nilsdotter, Nyqvist, Johan Dunder. Namnen hänger med mellan bruken. Löfstaholms bruk och Bada bruk har nära kontakter.

Änkan efter Lars Andersson Löf, Stina Nilsdotter vid Löfstaholm gifte om sig med mästersmeden Anders Berg. Han var också född i Borgvik.
Änkan efter Johan Love, Britta Bengtsdotter gifter om sig med Carl Bast vid Bada bruk. Johan var född i Borgvik och gifte sig med Britta i Kollerö.

Här står jag utanför "den gamla smedjan som till delar står på den allra äldsta grunden." Med den nyinköpta skriften i hand. Bruket ligger vid Jangsälven.

Lysviks kyrka ligger vid Övre Fryken och har en del bevarade järnkors på kyrkogården.

79

Familj 238, 239. Elins farmors mormors far och mor
Kersti – Anna – Elin – Petter – Maja-Stina – Catharina – Lisa – Johan och Britta

hammarsmed, knippsmed
Johan (Nilsson) Lowe * **1730 Borgvik** † 20/5 **1775 Lysvik**
Britta Bengtsdotter * **1731** † **1789 Fryksände**

Bruk: Borgvik, Kållerö, Hwitlanda, Löfstaholm
Församlingar: Borgvik, Väne-Ryr, Tösse, Lysvik

Barn:
Märtha Löve	* 1751 Tösse	♥ spiksmed Håkan Persson, Löfstaholm, †1830, Skäggegård
Nils Löve	* 1754 Lysvik	spiksmed Nils barn Jon på Löfstaholms bruk *1787. faddrar: Märtha och Håkan; till Uddeholm 1775. knippsmed vid Vägsjöfors bruk Vitsands sn. 1823 torpare i Överbyn, Vitsand. †1835.
Britta Löwe	* 1758 Lysvik	
Lisa	* 1760 Lysvik	Johansdotter Löwe ♥ Anders Larsson Löf också född på Löfstaholm
Gustav	* 1763 Lysvik	Löwe
Cathrina	* 1767 Lysvik	Jonsdotter, †1770 av magsjuka

Johan är son till mästersmed Nils Lovisson och Marit Andersdotter. Mamman dör bara några dagar efter Johans födelse. Pappan gifter om sig två gånger till i Borgvik. Sen flyttar de till Rådanefors bruk 1735 och 1738 till Billingsfors där pappa är bland de första smederna vid Billingfors bruk. Johan är bara nio år när pappan dör 1739. Sen hittar vi Johan på det nya bruket Kollerö och därefter på Hwitlanda bruk och till sist i Lysvik och Löfstaholms bruk.

80

Födda i Borgvik 1730:
"Johan d 28 maj Par: Nils Lovitsson, Marit Andersdotter. Test: Bokhåll. Erik Enander, mästersmeden Jonas Larsson, mästersvennen Nils Svart, hust Catharina Jonasdotter, hust Maria Andersdotter, pig Ingrid, pig Kersti Bryngelsdotter och alla quinnor på Bruket."

Var Britta är född har jag inte lyckats hitta och hennes föräldrar heter Bengt och Ingeborg enligt vigselboken. Men 1750 finns vid Kollerö en Bengt Bengtsson med dotter Britta. Kan vara!

Enligt mantalslängden för Väne-Ryr finns smeddrängen Johan Lowe vid Kållerö bruk i Väne-Ryrs socken. Här gifter han sig med Britta 1750. 1751-52 finns de vid Hwitlanda bruk innan de flyttar till Löfstaholm eller Lövåsen som det också heter.

Väne-Ryr vigselbok 1750:
"30 sep. Johan Lowe och Britta. Föräldrar Nils och h Annika. Bengt och h Ingeborg. smedjedräng vid Hwitlanda, bondepiga vid Nybolet."

Tösse födelselängd 1751:
"Hwitlanda. Hammarsmeden Jean Lowes och hustru Brittas dotter född d 3 och döpt d 4 af pastor. Faddrar mäster Jean Månsson ibid. Mäster Jacob Hebbe hustr Ingeborg Pers(?)dotter. N: Märtha."

Tösse flyttlängd 1751:
"från Hwitlanda järnbr, knippsmeden Joh. Love och hustru Britta Bengtsdotter till Colloni vs Lövenholms järnbruk d 4 sep."

81

1751 när Märta bara är en månad gammal flyttar de till "Lövenholms colloni", dvs. Löfstaholms bruk i Lysviks socken. Sen stannar de kvar där tills Johan dör 1775.

Lysvik dödbok 1775:
"maj 20 dödde knippsmeden Johan Lowe af fall och styng. Begrafen 28 d. 48 år"

Änkan Britta gifter om sig med änkeman mästarsmeden Carl Bast, (som är far till Britta Maria Bast som gifte sig med Erik Jonsson Brunzell och som många år var knippsmedmästare vid Älgå bruk). Släktbanden förtätas

26 dec 1777 gifter sig *"änkan Britta Bengtsdotter vid Löfstaholms bruk med hammarsmedmästare   Carl Bast vid Bada bruk. Morgongåva 25 lod silver"*.

Märtha Lowe är gift med Håkan Persson på Skäggegård i Lysvik.. Det är härifrån som vi har släktskap med Tage Erlander. Gemensamt ursprung är alltså Märthas och Lisas far Johan Lowe och mor Britta Bengtsdotter.

Borgvik – Brunsberg – Rinnfors – Löfstahom – Bada – allt hänger samman och familjenamnen är desamma vid de olika bruken.
Alla känner alla och man håller sig inom sin krets!

Familj 236, 237. Elins farmors morfars far och mor
Kersti – Anna – Elin – Petter – Maja-Stina – Catharina – Anders – Lars och Stina

smältare, mästare och mjölnardotter

Lars Andersson * 1726   † 5/6 **1768 Lysvik**
Stina Nilsdotter * 1729 **Borgvik**   † **1799 Gunnarskog**

Bruk: Löfstaholm
Församlingar: Lysvik, Gunnarskog

Barn:

Karin	* 1753	Lysvik	
Maria	* 1755		
Anders	* 1759	”	Larsson som mästare Löf ♥ Lisa Johansdotter Lowe
Annika	* 1762	”	
Lena	* 1764	”	
Maria	* 1767	”	död i kopporna -68

Efter idogt sökande i kyrkböcker och mantalslängder, hittar jag inte var Lars är född. Noteringarna är knapphändiga och ibland finns de inte alls. Läs mer på sidan 38 om Lars.

I Borgvik finns i husförhörslängden 1737-49 en mjölnare Nils Larsson med hustru Stina, ingen dotter Stina. Men det finns i dopboken i Borgvik 1729 4 april mjölnarens vid bruket Nils Bryngelssons och hustru Catharinas pigebarn och döptes 5 april till Kristin.
I Gunnarskogs husförhörslängd för Träskogs verk står noterat att Stina är född i Borgvik.

1752: I Långserud vigdes drängen Lars Andersson från Östanholm (Löfstaholm?, Östanås bruk var delägare i Löfstaholms bruk.) Sunne socken med pigan vid Kålsäters

83

bruk Stina Nilsdotter. Lars Andersson var bland de första smederna vid Löfstaholm

Lysviks dödbok 1768: *"juni 5 dödde smältaren Lars Andersson från Löfstaholms bruk, drunknat, begrafen 12 dito. 40 år."*

Änkan Stina Nilsdotter gifte om sig 26/12 1769 med mästersmeden Anders Berg vid Löfstaholms bruk. Morgongåva 10 lod silver, oförgyllt. De flyttar till Sälboda samma år.

Gunnarskog dödbok 1799: *"Enk. Stina från Träskogs bruk dog av lungsot den 27 jan. 70 år gammal. Par: mjölnaren Nils Larsson och hustru Catharina Andersdotter. Gift 1:o med mästersven vid Brunsberg Lars Löf hade med honom 6 barn. 2:o med mästersven Anders Berg hade med honom 1 dotter. Till lefnaden berömlig. Begravd 10 feb. av Lagerlöf."*

Vid Löfstaholms bruk:
Mästaren Anders Eriksson Berg gifter 1769 om sig med änkan efter smältaren Anders Larsson Löf, Stina Nilsdotter.

Änkan efter Johan Lowe, Britta Bengtsdotter gifte om sig med Carl Bast.

Både Britta och Stina fanns här samtidigt. En "flicka" Stina Nilsdotter bodde hos mjölnare Jöns Olsson i Borgvik 1745. Jöns är anfader till Brunzellarna.
Man känner varandra.

HÖGFORS BRUK 1744 – 1873
Gräsmarks socken, Värmlands län

År 1744 fick Mattias Gyllenspets privilegier för Högfors bruk för en masugn och en stångjärnshammare. Anledningen var att man funnit järnmalm men någon masugn uppfördes aldrig. 1761 bytte man privilegier med Löfstaholms bruk som då blev ett renodlat stångjärnsbruk.

Den gamla kyrkan i trä invigdes 1663 på Uddheden i sjön Rottnen.
1738 invigdes denna stenkyrka.

Här fanns inte mycket kvar av det gamla bruket vid Högfors.
Det låg alldeles utefter stora vägen vid en hög fors.

Här har vi tre släktgrenar
Brunzell – Hammerin och Löf

Släkten Brunzell – Hammerin 1772 - 1782
Mjölnaren Jonas Jönsson Brunzell och Eva Henriksdotter Hammerin bodde här vid Högfors bruk. De flyttade hit från Bjälverud i Arvika landsförsamling 1772. De två yngsta barnen föds här Fredrik och Jöns. Sen flyttar familjen till Brättne 1782.

Släkten Löf 1773 – 1778
Anders Larsson Löf född vid Löfstaholms bruk flyttade hit 1773. Han är då lärdräng hos en spiksmedsmästare. Sen flyttar han till Fredros verk.
Löfstaholms bruk och Högfors bruk bytte ju privilegier och då ligger det nära till hands att också smederna fick lov att flytta med. Bruken hänger ihop. Ägarna köper och säljer och det arbetande folket följer med.

FREDROS VERK 1743 - 1869
Gunnarskogs socken, Värmlands län

Vid Bruksälven var under 1700-talet ett kopparverk i drift. 1743 grundlades ett järnbruk med stångjärnssmedja och manufakturverk. Järnhanteringen upphörde 1869. Inga synliga lämningar av Fredros verk finns kvar men flottningsrännan i trä från 1912 var i bruk ända fram på 1960-talet. Kulturminne.

Ur "En bok om Gunnarskog", sid 217: Anläggare av det nya kopparverket vid Fredros Johan Eriksson Borgström. Brukspatron Johan Arvikander på Brunsberg och Lars Bratt på Munkfors .... förutom Munkfors ägde han Bada bruk i Lysvik och Föshed i Nyed. Dottern Britta gift med Johan Borgström.
Första kopparmalmsbrytningen på 1670-talet. Första järnbruket i Gunnarskog på 1740-talet.
Borgström känner vi igen från Borgvik och Arvikander från Rinnefors och Brunsberg. Bada bruk.

sid 305 Övre bruket. Den sista smedbyggningen står på bygdegården. En byggnad vid övre bruket kallades "Hanegården" efter den ansedda smedsläkten Hane. 1859 finns smältarsmeden J F Brunzell här. Han var född 1835. Han flyttar till Ransäter 1865.

sid 314 Ångaren Sälboda trafikerade sträckan Arvika – Göteborg. 1875 förvärvades Sälboda av skeppsredare Th Ahrenberg. Därefter insattes hon i trafik mellan hamnar i Norge över Göteborg och till tyska hamnar. En modell av Sälboda finns på Sjöfartsmuseet i Göteborg.

Här har vi två släktgrenar, Löf och Brunzell

Släkten Löf 1778 - 1783
1782-83 är Anders Larsson, *1759 vid Löfstaholms bruk, smeddräng hos Christopher Hane. 1783 gifter han sig med Lisa Johansdotter Lowe och flyttar som mästare till Treskogs verk.

Släkten Brunzell 1785 - 1787
Erik Jonsson Brunzell är dräng vid Fredros verk. Först hos Christopher Hane och sen hos Adam Gefvert och sen tillbaks hos Hane. 1787 flyttar han till Treskogs verk och mäster Anders Larsson Löf. Där träffar han pigan Britta Maria Bast, mästardotter från Bada bruk, som han gifter sig med 1789. De flyttar till Älgå före 1792 då nästa barn föds där. Och alla har de rötter i Borgviks bruk.
Andra smedsläkter som finns här: Hane och Gävert.

TRÄSKOGS VERK, BRUK 1754 - 1869

Gunnarskogs socken, Värmland

Jag läser i boken om Gunnarskog att den första masugnen i Treskog fanns här 1564. Treskogs kopparverk nedlades 1701 efter stora förluster. De stod förfallna i 10 år varefter Rosenberg från Stockholm upptog bruket igen.
Vidare:
Treskogs verk har fem mästersmeder: Carl Holmberg *1735 i Svanskog, Hindrik Kuse *1741 i Ransäter, Jonas Nilsson Björn *1749 i Fredros, **Anders Larsson Löf *1759 Lysvik,** Jonas Nyström *1749, flyttar med fam till Dal. Spikpackare Pehr Grundström och "Kuses drängar".

Av Träskogs bruk fanns inte mycket kvar, mest murar i skog ... en fors

Här har vi två släktgrenar, Löf och Brunzell

Släkten Löf, 1783 - 1838

Anders Larsson Löf, född på Löfstaholms bruk, knippsmed gifter sig här 1784 med Lisa Johansdotter Lofwe också född på Löfstaholm. Dotter till hammarsmedmästare Johan Lowe. Anders är mästare vid Träskogs bruk från 1783. Anders och Lisa var ofta faddrar vid barndop. 1800, 1802 och 1804 hölls husförhören hos mästaren Anders. Alla deras barn är födda här. Britta, Stina, Lars, **Catharina**, Lisa, Jan, Anders, Carl och Nils.
Dottern Catharina gifter sig med Petter Brunzell som var son till Erik Jonsson Brunzell nedan.

Släkten Brunzell 1789 - 1791

Erik Jonsson Brunzell, född 1763 i Borgvik, var först mjölnare och sen knippsmed. Han gifter sig 1789 vid Träskogs bruk m g e l, (morgongåva enligt lag) med Britta Maria Bast, född 1768 vid Bada bruk dotter till mästarsmeden Carl Bast. Äldste sonen Petter står i födelselängden här men det är antecknat att han fötts i Brättne 16/9 1789. Var de bara på besök hos farmor och farfar Jonas Jonsson Brunzell och Eva Henriksdotter Hammerin som då bodde i Brättne bruk i Arvika landsförsamling?

Erik och Britta Maria träffas som dräng och piga hos ovanstående Anders och Lisa och flyttar till Ålgå bruk ca 1791 där dom bor kvar i alla sina dagar 1835 resp 1834.
Andra smedsläkter som finns här: Holmberg, Kuse, Björn, Nyström

Vykort. Kyrkan färdig 1727. Predikstolen är från 1738. Altaruppsatsen från 1739. Skulpturerna på läktaren är tillverkade 1757-60. Förfäderna måste ha suttit här i kyrkan och tittat på allt detta som vi kan studera än idag. OJ!

91

Familj 118, 119. Elins farmors morfar och mormor
Kersti – Anna – Elin – Petter – Maja-Stina – Catharina – Anders och Lisa

Mästare och knippsmedsdotter
Anders Larsson Löf ***1759 Lysvik †1837 Gunnarskog**
Lisa Johansdotter Lofwe ***1760 Lysvik †1838 Gunnarskog**

Bruk: Löfstaholm, Högfors, Fredros, Treskog
Församlingar: Lysvik, Gräsmark, Gunnarskog

Barn:
Britta	* 1784 Gunnarskog		
Stina	* 1786	”	♥ snickare Eric Dalman, flyttar 1806.
Lars	* 1789	”	
Catharina	* 1791 20/10	”	♥ Petter Brunzell i Älgå bruk 1813. till Eda 1809, åter1810.
Lisa	* 1794	”	†1795 dödde av kikhosta 5 månader gammal
Jan	* 1796	”	Helgebodahl 1723
Anders	* 1798	”	Påvelsrud 1723-24
Carl	* 1801	”	Fredros 1722
Nils	* 1805	”	

Anders är son till smältare Lars Andersson och hans hustru Stina Nilsdotter vid Löfstaholms bruk i Lysvik. Lisa är dotter till knippsmed Johan Nilsson Lowe och Britta Bengtsdotter också vid Löfstaholms bruk.
1773 flyttar Anders från Lysvik till Högfors som lärdräng hos spiksmedmästare Bengt Carlsson. Sen flyttar han till Fredros 1778. 1782-83 finns Anders som smeddräng hos Christopher Hane vid Fredros verk. Vid Treskogs verk är Anders hos mäster Jonas Nyström.

92

Från 1783 är Anders Larsson Löf mäster vid Träskogs verk med hustru Lisa Johansdotter Lofwe och då är Löf tillskrivet och understruket. Därför tror jag att det är här som namnet Löf tillkommer, men det kan ju finnas i släkten i tidigare led. De har en piga Britta Maria Bast och drängarna Erik Jonsson (Brunzell) och Jonas Bryngelsson Kuse. Rena släktträffen!

Anders och Lisa gifter sig den 12 april 1784 enligt vigsel-boken fast i husförhörslängden står det 1783.

"d.12.april af Mr Bengt Alstermark knipsmeden Anders Löf vid Träskogs bruk och pigan Lisa Johansdotter Lofwe ibid. M.g.eft.lag." (Morgongåva efter lag)

I husförhörslängderna finns mäster Anders Larsson Löf med familj vid Treskogs bruk från 1784. Alla barnen föddes vid Träskogs bruk i Gunnarskogs församling. 1791 när Catharina föds är Anders mästare. Anders Löf och Lisa Lofwe var ofta faddrar vid barndop. Åren 1800, 1802 och 1804 stod husförhören hos mästaren Anders och Lisa. I längden 1806-11 står de antecknade under Lämnäset och sen finns de här livet ut.

Enligt Gunnarskogs död- och begravningsbok dör gifte mannen Anders Löf 25/12 1837 av ålderdom 78 år gammal och Lisa Johansdotter på Lämnäset under Träskog dog 25/10 1838 av ålderdom 75 år gammal.

SÄLBODA BRUK 1763 - 1882

Gunnarskogs socken Värmlands län

Vi hittade inga rester av Sälboda bruk i Sälboda samhälle.

Ur "En bok om Gunnarskog", 1962:
Hammaren vid Sälboda skulle heta Arvicanderström. ... privliegier utfärdades i feb 1763 för Sälboda och Gröttvål. Arvicanderström 2 härdar och 2 privata sågar. 20 dec 1774 fick Arvicanderström lov att byta namn till Sälboda. Flera av personerna vid Sälboda verk var från Nyed. Lagman Antonsson ägde Lindfors bruk där.

Bland Sälboda bruks arbetare synes släkten Löf ha varit talrikt företrädda under 1820-40-talen.
Löfarna var alltså stångjärnssmeder. Ett avsevärt antal personer har kommit till Gunnarskog såsom bruksarbetare. Smederna kallade sig ofta valloner. **Släkterna Hjerpe, Werme, Skogsberg, Uppvall, Gevert, Ellström, Löf, Skeppstedt, Stockhaus m fl är sannolikt av vallonsk härkomst.**
"Smeadel" innebar att den eller den smeden var av adlig börd. Detta lär också vara förhållandet med vissa vallonsläkter. Det var heller inga tätare ombyten av arbetskraft vid Sälboda bruk.

Av släkten Löf hittar jag inga av våra förfäder men däremot Brunzell. Men ser man på årtalen 1820 - 40-tal så finns våra anfäder Löf i rakt nedstigande led vid Träskogs verk i Gunnarskog.

Släkten Brunzell 1763 - 1769

Jonas Jönsson Brunzell var mjölnare här 1763-69 där hans och hustruns Eva Henriksdotter Hammerins barn Olle, Jan och Nils föddes. De har nio barn.

Smeden Olof Jonsson Brunzell *1765, var son till Jonas och
född här i Sälboda. Hans hustru Maria Nilsdotter var född
1764 i Mangskog. Deras barn Maria *1788, Johannes *1798,
Fredrik *1800, Jon *1805 är alla födda här vid Sälboda.

Mjölnare Magnus Jonsson Brunzell *1772 Bjälverud, bror till
Olof och son till Jonas. Han var gift med Karin Persdotter
*1763 Ö Speked. De har barnen Carl *1797, Cajsa *1799,
Eva-Lisa *1802, Petter *1810.

Johan Brunzell bror till Jonas Jönsson Brunzells, som liksom
Jonas flyttade hit till Sälboda från Borgvik 1763, är mäster
enligt husförhörslängden 1781 – 88 fast han bodde i
Kettersrud. Han var född1746 i Brunskog och var gift med
Anna Stina Lungström född i Viby 1756 och de fick sönerna
Johan 1778 och Fredrik 1780.

Det finns hur många Brunzell som helst. En del utvandrade till
Norge och en del därifrån till Amerika. Men de är inte i rakt
nedstigande led till oss. Då blir släktskapet på bredden och inte
på djupet.

BRÄTTNE BRUK
Arvika landsförsamling, Värmlands län

Långt bort i skogen hittade vi Brättne bruk. Det ligger vid en sjö där man idag har musikcaféer och så här såg det ut där idag. Det hade varit pappersbruk. Det gamla bruket låg en aning längre bort och där hade funnits både järnbruk och kvarn.

Har har vi två släktgrenar, Brunzell och Hammerin

Släkten Brunzell - Hammerin 1763 - , 1782 -

Mjölnaren Jonas Jönsson Brunzell och mästarsmeddottern Eva Henriksdotter Hammerin bor i Brättne vid olika tider. Bland deras barn ska Hindrik vara född här 1761. Även Erik står i husförhörslängder senare att han är född i Brättne, men han finns inte i födelselängden här. Däremot finns han med i Borgvik, varifrån familjen flyttar 1763. Jonas och Eva återfinns sedan på olika bruk och kommer tillbaka till Brättne 1782 när man flyttat från Högfors bruk. Vid Brättne finns Jonas och Eva kvar ännu 1801.

I mantalslängden finns deras söner som mjölnare, Fredrik från 1797-99 och Jöns från 1800-1803, 1805 finns han inte längre med.

Familj 232, 233. Elins farmors farfars far och mor
Kersti – Anna – Elin – Petter – Maja-Stina – Petter – Erik – Jonas och Eva

mjölnare och mästarsmedsdotter
Jonas Jönsson Brunzell   ***1736 Borgvik**
                                 † 22/6 1810 Gunnarskog
Eva Hindriksdr Hammerin   *** 1739 Boda**
                                 † 26/11 1815 Gunnarskog

Bruk: Borgvik, Rinnforsen, Sälboda, Högfors, Brättne,
Församlingar: Borgvik, Boda, Gunnarskog, Gräsmark, Arvika
landsförsamling

Barn:
Cathrina	*7/4 1759 Boda	Vistas hos sina morföräldrar först i Ärtetan sen i Norra Grimstad, Boda sn. Kom hem -72, till Grimstad -74, hem -75, till Kongsberg -77. Bland faddarna M Nils Persson i Ärtetan, Ms (mästersven) Henrik Nilsson (morfar) ibm. H Kari Jönsdr och Ewa Jönsdr
Hindrik	*1761 Borgvik	
Erik	*16/1 1763 Borgvik,	♥ 1789 med Britta Maria Bast. till Bånge -80
Olle	*22/2 1765 Gunnarskog	Sälboda bruk, vittne bl a drängen Sven Schagerberg mäster vid Sälboda. ♥ Maria Nilsdr, dr Ewa *1793 som är gift vid Rinnforsen. Till Fredros -76.
Jan, Johan	*20/2 1767 Gunnarskog	östra Sälboda. till Erik Berg -81.
Nils	*18/5 1769 Gunnarskog	Arvicanderströms hammare, Sälboda. † 12 juni 1788 Arvika lf Föräldrar mjölnare Jonas Jonsson och Eva Hammerin. till Erik Berg -81.

98

Magnus	*1772 Arvika lf,Bjälverud.	Mjölnare i Sälboda 1789.
		♥ Karin Persdotter
Fredrik	*1774 Gräsmark,	Högfors bruk.
		Mjölnare i Brättne 1797-99
Jöns	*1779 Gräsmark,	Jöns Jonasson, mjölnare i
		Brättne 1800-1803

Jonas är son till Jöns Olsson, mjölnare i Borgvik och i Brunsbergs bruk i Boda och hustru Ingrid Jonsdotter. Jonas födelsedata är inte tydliga. Enligt husförhörslängderna är han född 9 aug 1733. Men det är hans äldre bror Olof som är född då. Olof dör redan 1738. Sen har Jonas en yngre syster Lisken som är född 2 feb 1737. Hon dör bara 3½ år gammal 1740. Alltså bör Jonas vara född någon gång mellan maj 1734 och april 1736. Födelselängden för Borgvik byter bok april-maj 1736. Och Jonas finns där inte med! Men hfl har födelseår 1736.

Eva är dotter till hammarsmedsmäster Henrik Nilsson Hammerin och Elin Eriksdotter Kuse. vid Rinnforsens bruk i Boda socken vid Evas födelse.

Vid Kålsäters bruk i Långseruds sn finns en flicka Eva född 1739 hos mäster Jonas Hammerin, som är hennes farbror.

Boda födelselängd 1739:
"Den 29 mars christnades Mäster Hindrich Nilsson hustru Elin Eriksdotters barn vid Rinnsforsen föddes samma dag och kallat Efva. Vittnen Mäster Bryngel Kuse mästersvennen Nils Jönsson, hustru Kari Hansdotter och hustru Karin Matsdotter vid Rinnforsen."

Jonas och Eva är gifta 1758, kanske i Boda församling. 1759 är "dottern" och "hustrun" Eva skrivna hos föräldrarna i Ärtetan, Boda sn där dottern Catharina står i födelselängden med far och mor Jonas och Eva. I hfl står att Eva har flyttat 1759, men hon har fått nattvarden i mars månad. Jonas är skriven hos sina föräldrar i Borgvik första kvartalet 1759 och i maj 1762 när han får nattvarden. Enligt mantalslängderna är Jonas mjölnare i Borgvik från 1755 och 1759 har han en hustru. Jonas och Eva var tydligen lite "särbo". Sonen Erik föds i Borgvik men födelseort för Henrik står i senare hfl Brättne.

Det står antecknat i Borgvik att familjen flyttar till Sälboda i Gunnarskogs sn 1763.

Jonas torde ha varit den förste mjölnaren vid Sälboda bruk eftersom det startade 1763.

1765 finns mjölnare Jonas Jönsson vid Arvicanderström. Sälboda och Arvicanderström är samma plats. Familjen finns vid Sälboda fram till 1769 när nästa tre barn föds. I 1760-74 års hfl för Arvika landsförsamling finns Jonas och Eva under Bjälverud. Men inget mer barn föds här när förre mjölnaren i Bjälverud 1772 flyttar till Högfors bruk i Gräsmarks socken med hela sin familj. 1782 flyttar familjen till Arvika landsförsamling och Brättne. 1787-1801 är Jonas mjölnare vid Brättne under Arvika lf.

Brunzell-namnet finns i dödboken 1788 när sonen Nils dör.
I längden Arvika lf 1791-95 står Brunzell med som efternamn på Jonas.

1810 Gunnarskogs dödbok
" no 73. Tollersud. Mölnaren Jonas Brunzell, f 1733. par Jöns Olsson o Ingri Olsdotter Gift med efterlevande Eva Hindriksdotter i 52 år. Stadig och oklandrad." "Slag 77år 10 månader och 12 dagar."
Här har man förmodligen blandat ihop födelsedata med Jonas äldre bror, Olof som dör redan som femåring.

1815 Gunnarskogs dödbok
"no 62. Tollersrud. Änkan Eva Hindriksdotter. Ålderdom.76 år." Död 26 nov. begravd 26 dec.

Lidefors hammare 1686 - 1894

Rudskoga socken 1660-89. Nysunds socken 1690-1889.

Det här fotot är väl från 1800-talet nån gång

I mantalslängden för Rudskoga socken finns följande anteckning"Håkansbohl flyttat till Lidefors". 1690 ansöker Johan Kocks son om att få flytta en av hamrarna vid Håkansbohls bruk till Lidefors ström. I praktiken ville han överföra det senaste hammarprivilegiet till Lidefors. Ansökan tas upp i Bergskolleiget som först tillstyrker men sedan tillsätter en utredning efter protester från ortsbefolkningen. Ansökan beviljas och hammaren flyttas. Detta står att läsa på Mats Mogrens hemsida på nätet.

Här har vi en släktgren, Bast

Bland bruksfolket här finns bara en endaste Carl och han har efternamnet Jansson och när Bast finns som efternamn finns inte längre någon Carl Jansson. Därför tror jag att Carl Jansson och Carl Bast är samma person och att Carl Jansson Bast är

101

född vid Hwitlanda hammare i Tösse socken. Son till mästersmeden Jean Månsson där.

Släkten Bast 1751– 1758
Carl Bast, född 1728 var mästersven vid Lidefors bruk 1757-58. Men varifrån han kom hit har jag inte kunnat hitta i böckerna. Från Hwitlanda? Härifrån flyttar Carl till Ohlby bruk enligt anteckning i husförhörslängden.

Carl gifter sig här i Nysunds kyrka med sin första hustru Brita Gabrielsdotter.

BADA BRUK 1649 – 1877

Fryksände socken, Värmlands län

I Badaälvens trånga dalgång privlegierades 1649 en hammare för Gustaf Ericsson i Karlstad. En ny hammare anlades 1692 av assessor Sven Hasselbom men bruket byggdes av Nils Waernmark, samme man som byggde det ca en mil norr därom belägna Oleby bruk. Denna senare hammare kallades Bada Nedre bruk till skillnad från den tidigast byggda, belägen ca 1 km längre upp i älven och kallat Bada Övre bruk. I första hand gjordes stångjärn. Ägare i början av 1800-talet var Carnegie & Co.

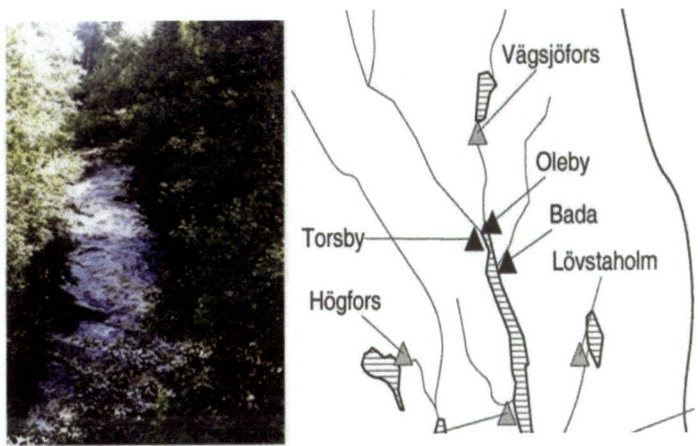

Bada bruk låg här vid forsen som rinner mot Fryken.
Bada, Ohlby och Torsby ligger alla i Fryksände socken och nära varandra. Högfors och Lövstaholm är inte heller långt bort.

Här har vi en släktgren, Bast

Släkten Bast 1761 - 1814

Carl Bast var mästare vid Bada hammare 1761-70 och 1774-88. 1789-90 står hans drängar med i mantalslängden. 1791 finns han inte längre med men han är kvar här till sin död 1814.
1771-73 finns Carl Bast vid Oleby hammare och 1759-60 vid Torsby hammare.

Carls första hustru som flyttade med honom hit från Lidefors bruk dog 1762.
Hans andra hustru Maria Johansdotter, mm fm fm m, var född 1730 men var vet jag inte. De gifte sig 1763 och har tre barn tillsammans. Anders som föds och dör 1764, Lisa 1766, **Britta Maria** 1768 och Annika 1772.
När hustru Maria dör har jag inte hittat men det måste vara före 1777 eftersom Carl då gifter om sig med Johan Lowes änka Britta Bengtsdotter, från Löfstaholms bruk. Carl var gift fyra gånger. Fjärde hustrun hette Maria Kjellberg.
Dottern Britta-Maria Bast var gift med Erik Jonsson Brunzell vid Älgå bruk.

Familj 234, 235. Elins farmors farmors far och mor
Kersti – Anna – Elin – Petter – Maja-Stina – Petter - Britta – Carl och Maria

hammarsmedsmästare
Carl Bast   *1728   † 1814 Fryksände
Maria Johansdotter *1732   † 13/7 1777 Fryksände

Bruk: Hwitlanda, Lidefors, Torsby, Oleby, Bada,
Församlingar: Tösse, Rudskoga, Nysund, Fryksände,

Barn tillsammans med Britta:
Maria	* 1758	Nysund	† måste dött som liten
Maria	* 1760	Fryksände	
Carl	* 1761	”	† 12/12 1773 Bada bruk

Barn tillsammans med Maria:
Anders	* 1/7 1764	”	Karlsson Bast † 1764 11/8
Lisa Bast	* 5/6 1766	”	♥ m Christoffer Hult Bada bruk † maj 1823 lungsot, 57 år, fattig
Brita Maria	* 25/9 1768	”	Bast ♥ Erik Jonsson Brunzell † 1834 Älgå
Annika Bast	* 1772	”	♥ båkare (bocqueur) Lars Jonsson Torsby bruk änka 1813 då Lars dör av ”uppkastning” inhyses vid bruket till sin död †1836, fattiga änkan Anna Bast, Torsby bruk, håll och styng

Carl Jeansson född 1729 14 jan vid Hwitlanda bruk i Tösse. Vid Lidefors hammare finns en mästersven Carl Jansson, enligt mantalslängden 1753. I hfl 1751-55 finns mästersven Carl Johansson med noterat husförhör 1751 och 52. I mtl för 1757 och 1758 finns mästersven Carl Bast med hustru.

I hfl 1757-65 finns han som mästare vid Bada bruk i Fryksände församling. 1759 återfinner vi mästersmeden Carl Bast vid Torsby hammare i Fryksände socken. 1761-70 är han vid Bada bruk. 1771-73 vid Oleby bruk och sen åter i Bada bruk 1774-88. 1791 finns han som hjälpsmed och från 1797 är han inte längre med i mantalslängden.

Vi vet att Carl Bast var gift fyra gånger. Hans första hustru Brita Gabrielsdotter vid Lidefors bruk, västra hammaren, i Nysunds församling, Örebro län. Här står antecknat att familjen Carl flyttar till Värmland och Ohlby. Maria Johansdotter var andra hustrun. Tredje hustrun Britta Bengtsdotter och fjärde Maria Kjellberg.

1762: Carls hustru Brita Gabrielsdotter dör i Bada bruk.
1763 i Fryksände. "*Mästare Carl Bast vid Bada bruk gifte sig med pigan Maria Johansdotter vid Torsby bruk. Morgongåva 20 lod silver.*"
Fryksände dödbok: 1773 "*12 dec dödde mästersmeden Basts son Carl vid Bada bruk af att han bränt sig af en ?*"
1777 gifter sig Carl Bast för tredje gången med Britta Bengtsdotter som tidigare var gift med Johan Love vid Lövstaholms bruk.
"*vigdes hammarsmedmästaren Carl Bast vid Bada bruk med änkan Brita Bengtsdotter vid Löfstahoms bruk. Morgongåva 25 lod silver.*" Britta dör 1789
1790 gifter sig Carl för fjärde gången med Maria Kjellberg *1730.

Arbetsorganisationen vid bruken var sådan att en mästersmed mer eller mindre var tvungen att ha en hustru. Han hade ansvar för hela arbetslaget med mästersven, smeddrängar, kolgossar

ÄLGÅ BRUK 1686 - 1877
Älgå socken, Värmlands län

Älgå bruk hade privilegier från 1695. Brukspatron var då Patrik Kolthoff. Johan Kolthoff brukspatron på Älgå 1750-tal. Man tillverkade stångjärn, spik och manufaktursmide. Jössefors köpte Älgå. Kontoret brann 1919. Både Sälboda/Arvicanderström och Älgå hör till Billerud.

Foto från informationstavla över Älgå bruk, ca 1900.

Älgåälvens utlopp i Glafsfjorden

Älgå kyrka invigdes år 1726.

Den byggnadsminnesförklarade spiksmedjan.

Här har vi en släktgren, Brunzell

Släkten Brunzell 1792 - 1834

Knippsmedsmästaren Erik Jonsson Brunzell var född 1763 i Borgviks bruk. Han var gift med Britta Maria Bast som var född 1768 i Bada bruk, dotter till mästarsmeden där, Carl Bast. Erik och Britta Maria gifter sig i Träskogs bruk 1789, där Petter är född. Resten av barnen är födda här. Erik dör i Älgå 1835 och Britta Maria året innan 1834.

Äldste sonen Petter gifter sig 1813 med Catharina Löf, född vid Träskogs bruk 1791. Deras föräldrar känner varandra sedan gammalt. Petter och Catharina är inflyttade till Älgå 1813. Dom får tre barn här och flyttar sen till Långserud och Kålsäters bruk där ett barn föds. Sen flyttade de till Mo socken och Hanefors hammare, Gerdshammaren och Hanefors bruk.

Petter har tidigare fått en son Petter med smeddottern Anna Lisa Jernberg vid Älgå bruk 1809. Står antecknat "oäkta" i födelselängden. Petter är mästersven, spiksmed.

116, 117. Elins farmors farfar och farmor
Kersti – Anna – Elin – Petter – Maja-Stina – Petter – Erik och Britta Maria

knippsmedsmästare och mästarsmedsdotter
Erik Jonsson Brunzell   ***1763 Borgvik**   † **1835 Älgå**
Britta Maria Bast   ***1768 Fryksände** † **1834 Älgå**

<u>Bruk:</u> Borgvik, Högfors, Bada, Träskog, Älgå
<u>Församlingar:</u> Borgvik, Gräsmark, Fryksände, Gunnarskog, Älgå,

<u>Barn:</u>

Petter	* 16/9 1789 Gunnarskog	♥ Catharina Löf
Maria	*1792 Älgå	† 1797, skarlakansfeber
Eva	*28/1 1794 ”	till Eda 1813, ♥
		Anders Jansson Hult vid
		Rinnfors bruk.
Anders	*1791 Långserud.	Barn: Anna Maria, Jonas,
		Erik Gustav, Britta-Cajsa
		Fredrik Ev kusin Eva
		Olofsdotter Brunzell
Britta Maria	*11/2 1795 ”	
Karl	* 6/7 1796 ”	till Stavnäs 1821,
		Mangskog 1826,
		Carlanda 1832
Jonas	*18/5 1799 ”	till Brunskog 1818
Fredrik	*2/10? 1802 ”	till Boda 1820
Magnus	*10/8 1804 ”	till Köla 1819, åter 1820
Maria	*15/12? 1806 ”	till Mangskog 1823,
		Boda 1829

Erik är son till mjölnaren vid Högfors bruk Jonas Jönsson Brunzell och mästarsmedsdottern Eva Henriksdotter Hammerin. Vid Eriks födelse bor familjen på Borgviks bruk

110

där hans far är mjölnare. Samma år, 1763, flyttar man till Sälboda bruk i Gunnarskogs socken.

Borgviks födelsebok:
"Borgviks bruk den 16 januari Eric. Föräldrar mjölnare Jonas Jönsson och hustru Ewa Hindriksdotter. vittnen mölnaren Jonas Jonsson och hustru Cajsa Eliasdotter ifrån bruket."

Britta Maria är dotter till mästarsmeden Carl Bast vid Bada bruk och Maria Johansdotter.

1780 finns Erik Jonsson som mjölnare vid Högfors bruk, 17 år gammal. Han flyttar till mästaren Jan Jansson 1781. Samma år kommer Erik från Bånge till kolare Anders Andersson fortfarande vid Högfors bruk, som dräng. Han flyttar till Treskog 1783 där han blir dräng hos mäster Anders Larsson Löf och hustru Lisa Johansdotter Lofwe. 1785-86 är Erik dräng vid Fredros verk först hos Christoffer Hane och sen hos Adam Gevert och kommer tillbaks som dräng till Christoffer Hane 1786-87.
Till sist är han tillbaks som dräng hos Anders Larsson Löf 1787-88. Här finns då också pigan Britta Maria Bast. Det var alltså här de träffades! Nu blir det riktigt spännande med släktbanden. Anders Löf och Lisa Lowe är mormors farmors mormor och morfar.
Ytterligare en dräng finns här, Jonas Bryngelsson Kuse *1766 i Svanskog. Genast intressant. Mm fm ff m Elin Eriksdotter Kuse har en bror Bryngel som är smed vid Rinnefors bruk.

Erik och Britta Maria vigdes i Gunnarskog 12 april 1789.
Knippsmed Erik Jonsson Brunzell vid Träskogs bruk och pigan Britta Maria Bast N Backa. M g e lag. Vilket betyder morgon-gåva enligt lag.
Britta-Maria och Erik är dräng och piga hos Anders Löf och Lisa Johansdotter Lofve.

111

Gunnarskog, födda 1789:
"*Petter vid Träskogs bruk, född i Brättne .. föddes den 16 sept. döptes d 19 af Cr Kruskopf. Par: spiksmed Erik Jonsson Brunzell och h Britta Maria Bast. Vittnen klåckare Anders Rosenqvist, Henric Brunzell, fru Caisa Alstermark i Backa, Anna Nyqvist i Bjelverud*".

Född i Brättne är inte så konstigt som det verkar. Petters farfar och farmor Jonas Jönsson Brunzell och Eva Henriksdotter Hammerin bor i Brättne och de var kanske bara där på besök när tiden var inne.

Erik är knippsmedmästare vid Älgå bruk, nedre, i alla fall 1792 när dottern Maria föds.
Carl Brunzell står som smeddräng och Maria står som piga.
Dottern Maria är antecknad som klen och sjuklig i längden 1821-25 men när hon flyttat 1829 finns bara Erik och Britta Maria kvar här. Det står redan i längden 1821-25 att Erik är bräcklig och inte arbetsför. De får understöd av bruksägaren tills de dör. Britta Maria dör 1834 och Erik dör av ålderdom 14 nov 1835, 72 år gammal och han begravdes den 29 nov

112

Familj 58, 59. Elins farmors far och mor
Kersti – Anna – Elin – Petter – Maja-Stina – Petter och Catarina

spiksmedsmästare och knippsmedsmästardotter
Petter Brunzell *16/9 1789 Gunnarskog   †27/7 1861 Mo
Catharina Löf *20/10 1791 Gunnarskog   †15/6 1864 Mo

<u>Bruk:</u> Träskog, Älgå, Kålsäter, Hanefors och Gerdshammaren
<u>Församlingar:</u> Gunnarskog, Älgå, Långserud och Mo

<u>Barn:</u>
Erik	*17/8 1814 Älgå	fördärvad i högra handen och alldeles oduglig till arbete
Lisa	*16/7 1816 Älgå	† 1822, kikhosta
Andreas	*20/7 1820 Älgå	/Anders
Lisa	*15/11 1823 Långserud	† 1829
Magnus	*22/7 1826 Mo	
August	*28/8 1829 Mo	gift med Ingrid Lisa Högfäldt. barn: Carolina. Morbror och svärfar till Gustaf Lundberg gift med Karolina Brunzell i Gustafs och Säter. Gustaf är son till ...
Maja Stina *29/5 1832 Mo		... ♥ Andreas Jonasson Lundberg

På Säters kyrkogård är
f d hammarsmeden
August Brunzell, hans
dotter Karolina Brunzell och
Gustaf Lundberg begravda.

113

Mormor Elin växte upp hos sin farbror Gustaf Lundberg och Karolina Brunzell. Först i Gustafs och sen i Säter.

Petter är son till knippsmedsmästaren Erik Jonsson Brunzell och mästarsmedsdottern Britta Maria Bast. Catharina är barn till mästarsmed Anders Larsson Löf och Lisa Johansdotter Lowe. Båda är födda vid Träskogs bruk i Gunnarskogs församling i Värmland.

Födda och döpta 1789 i Gunnarskogs församling: *"Petter vid Träskogs bruk född i Brättne föddes den 16 och döptes den 19 sep af Cr Kruskopf. Par: spiksmeden Erik Jonsson Brunzell och hustru Britta Maria Bast. Vittnen klåckare Anders Rosenqvist, Henrik Brunzell, fru Cajsa Alstermark i Backa, Anna Nyqvist i Bjelverud."*

Födda och döpta 1791 i Gunnarskogs församling, nr 99: *" Catharina på Träskogs verk föddes den 20 oktober och döptes den 22 av Westerlund. Par: mästaren Anders Löf och hustru Lisa Löf. Vittnen: mästare Jonas Nyström och hustru Maria Ellström vid Träskogs bruk."*

Gunnarskog vigselbok 1813, 26 sep:
"Spiksmedsmästaren vid nedre Älgå bruk Petter Ersson Brunzell och knippsmedmästardottern Catharina Andersdotter Löf på Lämnäset under Träskog"

Petter och Catharina gifte sig alltså i Gunnarskogs församling och inflyttade till Elgå bruk, nedre samma år. Petter är inte född men uppvuxen vid Älgå bruk och finns kvar här ännu 1799. 1809 den 21 januari föds: *"Petter "oäkta" Fröbolstorp, Fader säges vara Petter Brunzell vid Elgå bruk moder Anna Lisa Jernberg."*

Hon är mästardotter och gifter sig 1814 med spiksmeden vid Älgå bruk mäster Sven Sundberg 23 okt 1814 och deras son Magnus föds i januari 1815. Anna Lisa är född 1783 vid Älgå bruk. Far var mäster Johan Jernberg och mor Lisa Stake.

Petter och Catharinas tre äldsta barnen är födda vid Älgå bruk. Petter är här mästersven och spiksmed. Familjen flyttar från Älgå till Kålsäters bruk i Långserud där Lisa föds 1823. 1826 flyttar de till Hanefors hammare i Mo församling. 1830 till Gerdshammaren, här är Petter mästersven och därefter flyttar de tillbaka till Hanefors bruk 1832. Här är Petter hjälpsmed. Senare anmäles mästersven Petter Brunzell till understöd av hammarsmedslådan. I husförhörslängden 1851-55 finns Petter och Catharina och dottern Maria Stina inhyses under Hanefors bruk. *"Understödshjon ur hammarsmedslådan"*: Petter Brunzell.

Mo församlings dödbok 1861 *"Hjelpsmeden Petter Brunzell från Hanefors, 75 år 4 dagar, wådeligen krossad av Smedje Blåsmaskinen"*

Mo församlings dödbok 1864:
"Brunzell, Katrina, enka från Hanefors 73 år 8 mån 8 dagar, dödsorsak ålder"

I husförhörslängden 1826 – 30 har Petter en dräng Magnus Brunzell. Han är bror till Petter och född i Älgå 1804. Senare mästersven vid Letafors bruk.

KÅLSÄTERS BRUK 1647 – 1876
Långseruds socken, Värmland

Från www.arstuga.se Teknik och industrihistoria:
Vid Kolsäters bruk har funnits 2 sågar, 1 kvarn, manufakturhammare, träsliperi, och magasin. Det var Sara Nordberg (1647-1725) som 1694 fick privilegier för en hammare med två härdar för 600 skeppunds stångjärnssmide per år samt sex års frihet från hammarskatten. 1720 övertog hennes son Fredrik Land bruket. 1760 övertogs det av Lands styvson Knut J. Liljebjörn och 1780 hans son Jan Liljebjörn.

1804 anlades en plåtsmedja för förädling av 300 skeppund tackjärn, sedan också en spiksmedja och ett manufakturverk. Spikbruket innehöll 3 spikhamrar, i plattsmedjan 2 hamrar som 2 knipphamrar som gick för jämnan. Manufakturverket producerade i huvudsak plogbillar och sågblad.

1842 anlades Emilsdals manufakturverk. Under 1850- och 60-talen hade bruket sin storhetstid när 4 storhamrar bearbetade smältorna från 2 Lancashireugnar, 1 vällugn samt 2 France-Comptéugnar. Sammanlagt gick också 6 spikhamrar.

1876-77 tystnade hamrarna. Då anlades ett träsliperi och en maskin för tillverkning av glättade papp. 1894 bildades Kohlsäters AB. 1904 byggdes Stigbacka elkraftverk.

Långseruds kyrka ligger alldeles i vägkröken och en damm och byggnader ligger alldeles vid forsen som rinner ut i sjön Aspen.
Här är mormors far Anders Petter Lundberg döpt och alla hans syskon.
Låg det gamla bruket vid kyrkan?

Här har vi fyra släktgrenar:
Hammerin, Kuse, Brunzell och Lundberg

Släkten Hammerin och lite Kuse 1728 - 1736

Redan 1728 finns enligt mantalslängderna mästare Henrik Nilsson med hustru här vid Kålsäters hammare i Långseruds socken.

1730 finns smältardrängen Olof Kuse. Det verkar som om de turas om på posterna för nu står Henrik Nilsson som lärodräng efter Olof Kuse som är mästersven. Jonas Nilsson står därunder som lärodräng och Nils Nilsson, kolgosse.

1731 är Jonas Nilsson mästare och Henrik Nilsson lärodräng.

117

1732 har vi Nils Nilsson som mästersven och nu kommer Hammerin, en skräddargesäll. Henrik Nilsson är kvar, titulerad lärodräng.
1733 är Henrik Nilsson mästersven vid sidan om Jonas Nilsson.
1734 tillkommer en kolgosse Jan Lowitzsson.
1736 finns här Erik Hammerin, skräddargesäll.
Henrik, Nils, Jonas och Erik är bröder. Med tillnamn Hammerin. De är födda i Gåsborn med far mästersmeden Nils Henriksson vid Dammhyttan.

Henrik Nilsson (Hammerin) är mästersven här 1728 till 1735. Hustru Elin Eriksdotter (Kuse) och 1733 finns även *"svärmoder Margeta"*. 1736 flyttade de till Brunsbergs bruk och 1738 till Rinnefors. Olof Kuse är bror till Elin Eriksdotter Kuse som gifte sig med Henrik och finns med både vid Brunskogs och Rinnefors bruk.
1752 finns hos mäster Jonas Hammerin enligt husförhörslängden *"flickan Eva"*. Hon uppges vara född 1739. Eva Henriksdotter Hammerin är född 1739 vid Rinnefors bruk. Hon som gifte sig med Jonas Jönsson Brunzell. Jag påstår att Eva är brorsdotter till mäster Jonas Hammerin.

Alla känner alla och man håller ihop och hjälper varandra.

118

Släkten Brunzell – Löf 1821 - 1826

Mellan åren 1821 och 1826 finns här mormors farmors far och mor mästersven Petter Brunzell och mästarsmeddottern Catharina Löf. Deras dotter Lisa föds här 1823 innan de 1826 flyttar till Hanefors bruk.
Maja Stina Brunzell är deras yngsta dotter som är gift med Andreas Lundberg, se nästa sida.

Släkten Lundberg – Brunzell 1852 - 1873

Andreas Jonasson Lundberg, mm ff, född 1828 i Flatungebyn i Fröskogs församling och Maja Stina Brunzell, mm fm, född 1832 vid Hanefors bruk. Andreas och Maja-Stina gifter sig den 8 oktober 1852 och flyttar hit till Kålsäters bruk 1853. Äldste sonen Gustaf är född i Mo församling. Andreas avancerar från "gifte drängen" till spiksmed och sen dalar han till eldare. Efter tjugo år flyttar familjen till Dömle bruk 1873.

Kålsäters bruk idag, gammalt, nedlagt och övergivet. Det hade legat fler bruk längre uppåt längs vattendraget.

119

Familj 28, 29. Elins farfar och farmor.
Kersti – Anna – Elin – Anders Petter – Andreas och Maja-Stina

spiksmed och spiksmedsmästardotter
Andreas Lundberg   *1828 Fröskog
          † 1911 29/10 Nedre Ullerud, kräfta
Maja Stina Brunzell *1832 Mo
          † 1889 26/1 Nedre Ullerud (Deje)

Bruk: Lisefors, Hwitlanda, Hanefors, Kålsäter, Dömle,
Församlingar: Fröskog, Tösse, Mo, Långserud, Nedre Ullerud

barn:
Erik Gustaf	* 5/2 1853	Mo	
Karl Johan	* 24/1 1855	Långserud,	döpt av präst i Mo, till Amerika 1881
Anders Petter	* 21/9 1856	”	till Grythyttan
August Ferdinand	* 14/12 1858	”	† 25/12 1858
Wilhelm	* 26/11 1859	”	† 17/10 1869 scharlakansfeber
Carolina	* 20/1 1862	”	† 7/7 1862 slag
Fredrik	* 27/6 1863	”	till Amerika 1886
Otto	* 27/7 1865	”	† 13/10 1869 scharlakansfeber
Abel	* 17/4 1868	”	till Amerika 1886
Augusta	* 17/9 1870	”	† 18/3 1871 smittkoppor
Wilhelm	* 4/8 1872	”	till Stockholm 1891, till Amerika 1893

Andreas Jonsson Lundberg var född i Flatungebyn i Fröskogs
församling. Han var son till torparen och backstugusittaren
Jonas Jonsson och Kajsa Larsdotter.   Jonas dör 1833 när
Andreas bara är fem år gammal. Hans mamma Kajsa gifter om
sig 1837.

Andreas vistas på Lisefors bruk hos sin bror Lars. Han finns som dräng hos spiksmeder Broms, Skogsberg och Bengt Spik. Från Lisefors kommer han till Hwitlanda bruk och där är han dräng hos spiksmeden Johannes Spik. Från Hwitlanda kommer han till Hanefors bruk och det är här som han får tillnamnet Lundberg. Först är han "gifte drängen" hos knippsmeden Olof Lilljebjörn. Sen är han själv spiksmed innan han får bli eldvakt och eldare.
Familjen har här både drängar och pigor.

Maja-Stina är dotter till spiksmedsmästaren i Hanefors Petter Brunzell och mästardottern Catharina Löf. Andreas och Maja-Stina gifte sig 1852 i Mo församling och Hanefors hammare. 1853 flyttar de till Kålsäters bruk i Långseruds socken.
Deras son Anders Petter gifter sig i Grythyttan med Anna Stina Kjellberg som är min mormor Elins föräldrar. Andreas gifte om sig 1890 efter 37 års äktenskap.

Av elva barn dog fem och fyra utvandrade till Amerika. Gustaf och Anders Petter stannade i Sverige. Sonen Erik **Gustaf** var det som mormor Elin växte upp hos i Gustafs.
Alla barnen var anslutna till fria religiösa samfund.

En dag år 2019 kom en förfrågan på e-post, via min hemsida, om jag ville släktforska lite på en Fredrik Lundberg i USA. Nancy Lundberg. Jag kände igen namnet och visst var han bror till momor Elins far. Amazing!
Efter det hittade vi både utvandring och de fyra bröderna Lundberg i Amerika.

Vi har inte haft någon kännedom om de fyra utvandrade bröderna i Amerika.

LISEFORS BRUK 1796 – 1870-tal
Åmåls kommun, Dalsland

Lisefors anlades som järnbruk 1796 vid Knarrbyån och drevs fram till slutet av 1879-talet. Sen blev det pappersbruk. Det brann 1906 och därför finns knappt några byggnader kvar från den gamla tiden.

Detta är Lisefors bruk av idag och heter numera Fengersfors bruk.

Släkten Lundberg 1839 - 1848

Andreas Jonasson, Elins farfar, var dräng på Lisefors bruk hos olika smeder på bruket från 1839 till 1848. Första åren vistas han hos sin bror Lars som är dräng på bruket. Andreas var inte fyllda fem år när hans far torparen, backstusittaren och inhyseshjonet Jonas Jonsson dog. Familjen var utfattig och levde på "understöd av spannemål".

Från Lisefors bruk flyttade Andreas några år till Tösse och Hwitlanda bruk där han blir skattskriven, vilket han inte tidigare varit.

HANEFORS BRUK, FORSBACKA 1703 - 1893

Mo församling, Dalsland

Hanefors hammare vid det som idag kallas Forsbacka bruk.
Herrgård och golfbana ligger lite längre bort. 1820 står årtalet på
väggen.

Ur Anders Edestams bok: De dalsländska järnbruken:
I början av 1860-talet hölls smideskurser på Forsbacka med understöd av Jernkontoret och med lärjungar från Värmland, Dalarna och Västmanland för att lära sig Lancashiresmidets hemligheter. 1856 brann manufaktursmedjan ner. Branden var troligen förorsakad av gnistor från stångjärnssmedjan. Smedjan återuppbyggdes inom kort på ca 40 m avstånd från stångjärnssmedjan. Den byggdes av trä med stolpväggar, rödfärgades och täcktes med "tegel, nedlagt i kalk", samt inrymde 2 härdar, 4 spikhamrar, som drevs av 2 hjul samt en knipphammare. Till alla hamrarna hörde tackjärnsställningar. *För en Widholms blåsmaskin med 3 block uppfördes ett särskilt hus.*

1856 bestod Hanefors av 15½ mantal. På underlydande hemman och torp vinterföddes 80 hästar, 20 oxar och 260 kor utom ungboskap och får. Arrendeavgifter utgjordes av 3543 dagsverken, 1000 stigar kol fritt kolade och framkörda till bruken, 3000 skeppund järnkörsel, 70 tunnor råg, 20 tunnor korn, 170 tunnor havre samt ca 1000 rdr rgs i kontanter, varutöver bönder och torpare voro skyldiga att kola 2000 stigar kol och utföra körslor och dagsverken mot avsevärt lägre betalning än gängse pris.

Livet på Forsbacka och andra bruk var stormigt, särskilt vid jul, påsk och midsommar, då dryckenskapen florerade svårt. Vid religiösa möten, som då och då förekom, gjorde de flesta av smederna allt de kunde för att störa freden och det ofta på ett grovt sätt. ....

Inkomsterna voro ganska goda efter tidens förhållanden. En smältsmed förtjänade 1200 – 1800 kr om året, en smeddräng 700 – 900 kr. Räcksmederna tjänade i allmänhet mindre än smältsmederna, som hade det mest maktpåliggande arbetet. Smältsmederna hade också mera stadigvarande arbete, ty smältningen pågick oavbrutet från kl 6 på söndagskväll till samma tid på lördagskvällen. Det arbetades i två skift. Räcksmedjan var stängd var 8:de eller 9:de vecka, då nytt eldfast tegel måste läggas in i vällugnen.

En del smeder var rätt sparsamma och köpte små egendomar, när de blevo till åren. Vid bruksdriftens upphörande skingrades smederna åt alla håll.

124

Vid Hanefors har vi tre släktgrenar:
Brunzell, Löf och Lundberg

Släkten Brunzell – Löf 1826 – 1830, 1832 - 1864

1826 flyttar Petter Brunzell och Catharina Löf till Hanefors hammare. Härifrån 1830 och kommer tillbaka 1832. Till sist har de "understöd av hammarsmedslådan".

Hjelpsmeden Petter Brunzell från Hanefors blev *"wådeligen krossad av smedjeblåsmaskinen"* 27 juni 1861. Katrina dör 1864 av "ålder".

Släkten Lundberg - Brunzell

Det är här vid Hanefors bruk som drängen Andreas Jonasson får tillnamnet Lundberg, mormor Elins farfar som gifte sig med Maja-Stina Brunzell.

GERDSHAMMAREN
Mo församling, Dalsland

Inte långt från Hanefors hammare skymtar något annat gammalt, jag vill gärna tro att det är Gerdshammaren
Både Hanefors bruk och Gerdshammaren hör till Mo församling.

Släkten Brunzell – Löf 1830 - 1832

Petter Brunzell är mästersven vid Gerdshammaren. Kort visit innan familjen återvände till Hanefors

Mo kyrka, invigd 1686.

Här är Petter Brunzell och Katarina Löf begravna. Deras dotter Maja Stina Brunzell, min mormors mormor är väl både döpt och konfirmerad här. Den 8 oktober 1852 gifte hon sig med Andreas Jonsson Lundberg här i Mo församling. De flyttar till Långseruds församling och Kålsäters bruk. Äldsta barnet är fött här i Mo församling och övriga i Långserud. Bl a Anders Petter, mormor Elins far.

126

DÖMLE BRUK 1630 – 1884

Nedre Ullerud, Värmland

Släkten Lundberg 1873 - 1911

1873 flyttar familjen Andreas Lundberg och Maja Stina Brunzell hit till Dömle från Kålsäters bruk. Andreas är klensmed. Här blir de kvar livet ut.
Maja Stina dör 1889 och Andreas gifter om sig 1890. Maja Stina och Andreas hade varit gifta i 37 år.

I husförhörslängden 1881-1885 finns inte Dömle bruk längre. Smeden Andreas Lundberg finns kvar i Dömle. I längden från 1886 och framåt står han som klensmed i Dömle bland alla andra arbetare.

19-årige sonen Anders Petter Lundberg flyttade med hit till Dömle bruk. 1877 flyttade han till Lindfors bruk i Nyed där han hade tjänst som dräng hos sin morbror smältaren August Brunzell. Redan 1878 flyttar sen August med familj och systersonen/drängen Anders Petter till Brattforshyttan.

Nedre Ulleruds kyrkoarkiv, Husförhörslängder, SE/VA/13387/A I/19 (1876-1880)

BRATTFORSHYTTAN 1615 – 1918
Brattfors socken, Värmlands län

Så här ser Brattforshyttan ut idag

Brattfors hytta ligger mellan Karlstad och Filipstad i bergslagsbygd, vid Lungälven. Nuvarande utseende fick hyttan vid ombyggnad vid mitten av 1800-talet då även masugnen av sten restes. Brukspatron under 1800-talets början var C R Geijer. Idag är hyttan och ruinerna efter de gamla byggnaderna byggnadsminne.

De första värmländska hyttorna uppfördes kring gruvorna i Persberg och Nordmark. Dess hyttor återfinns tidigast i Gustav Vasas jordebok av år 1540. Hyttan var bara igång vid vårens och höstens högvatten. Först tillverkades osmundjärn som upphörde under 15-1600-talen sen tillverkades tackjärn i masugnar.

1693 hette brukspatron Henrik Kolthoff och från 1807 var det släkten Geijer.

Det är här vid Brattforshyttan som prästen i husförhörslängden skrev Lungsund i stället för Långserud som födelseort för Anders Petter. Sen lossnade släktforskandet med fart.

Släkten Lundberg 1878 - 1881
Anders Petter Lundberg, var dräng här hos morbror smältarsmeden August Brunzell 1878-1881. August är bror till Maja-Stina Brunzell.
Anders Petter flyttar till Degerfors bruk.

DEGERFORS BRUK

Karlskoga, Degerfors kapellförsamling, Värmland

Släkten Lundberg 1881 - 1884

Anders Petter Lundberg var här som smeddräng hos smältare Karl Johan Moberg från 1881 till 1884 då han flyttade till Grythyttan.

GRYTHYTTAN

Här i Grythyttan träffar han sin kommande brud Anna Stina Kjellberg. De gifter sig 13 dec 1884 och dottern Anna föds här i Grythyttan 20 feb1885. 1887 flyttar de till Wika, Hosjö, Falun. För arbete vid Korsnäs järnbruk. Runt sekelskiftet 1900 flyttar familjen till Karmansbo bruk vid Hedströmmen i Malma socken.

Anna Stina Kjellberg är av bergsmanssläkt.

Familj 14, 15. Elins far och mor
Kersti – Anna – Elin – Anders Petter och Anna-Stina

klensmed och gruvarbetardotter
Anders Petter Lundberg	*21/9 **1856**	**Långserud**
	†22/3 **1904**	**Malma**
Anna-Stina Kjellberg	*9/10 **1862**	**Grythyttan**
	†24/12 **1944 Malma**	

<u>Bruk:</u> Kålsäter, Dömle, Lindfors, Brattforshyttan, Degerfors, Grythyttan, Korsnäs, Gisslarbo
<u>Församlingar:</u> Långserud, Nedre Ullerud, Nyed, Brattfors, Karlskoga, Grythyttan, Wika, Hosjö kapell, Malma

barn:

<u>Anna</u> Kristina	*20/2 1885 Grythyttan	♥ Granholm, till Amerika, † 1947 under besök i Sverige
<u>Hulda</u> Maria	*1888 Hosjö	♥ Eklund,inga egna barn
<u>Gustaf</u> Emanuel	*1889 ”	smed i Karmansbo ♥ Hulda, son Tore
<u>Elin</u> Ottilia	*18/5 1892 ”	**MORMOR ELIN** ♥ Adrian Gustafsson,
Karl <u>Johan</u>	*1895 ”	♥ Elsa, son Olle
Johanna Charlotta	*1898 ”	<u>Lotten,</u> ogift, trolovningsbarn Birgit
Ingeborg	*1902 Malma	♥ Hagberg i Kolsva, Maj-Britt, Berit och fosterson Ingemar

131

Efter Anders Petter Lundbergs död i lunginflammation 1904 försörjer sig Anna Stina Kjellberg som strykerska och hon fick lov att bo kvar vid Gisslarbo bruk enligt församlingsboken men huset som Elins syster Ingeborg visade oss där hon växt upp ligger i Karmansbo.

Dottern Elin hade redan 1901 flyttat till sin farbror Gustaf Lundberg och hans hustru Carolina Brunzell i Gustafs socken inte långt från Hosjö, Falun där hon var född.
Foto på mormor Elin 1961.

132

Smedernas flyttningar   bruksägare

932 Nils Henriksson ca 1660 - 1718
1687 Dammhyttan
1691 Långbanshyttan,   Christian Nackreij
1695 Dammhyttan

476 Nils Lofwe 1700 - 1738
född 1700 Borgvik   Nils Assmundsson/
                             Borgström, Holland
1727 Borgvik, mästersven   Nils och Erik Borgström
1735 Rådanefors, smed   Jöns Kock
1738 Billingsfors, smed   Nils Kock

466 Henrik Nilsson Hammerin 1695 – 1772
född 1695   Dammhyttan
1722 Brunsberg, lärdräng   Christoffer Geijer
1728-37 Kålsäter, mästare   Sara Norberg
1738 Rinnefors, mästare
    hammarsmed   Christoffer Geijers son +
                             Arvicander

464 Jöns Olsson 1692 – 1772
1732 Borgvik, mjölnare   Nils och Erik Borgström
1745 Brunsberg, sågare,
dammvaktare   Christoffer Geijer
1755 Borgvik,   Johan Eriksson Borgström/
                             Adelheim

238 Johan Nilsson Lowe 1730 – 1775
född 1730 Borgvik	Nils och Erik Borgström
1735 Rådanefors, barn	Jöns Kock
1738 Billingsfors, barn	Nils Kock
1750 Kållerö, smeddräng	Nils Kock
1751 Hwitlanda, hammarsmed	Katarina Schütz omgift med Eric Kock son till Nils Kock, 1753 styvson Samuel Torsson
1752 Löfstaholm, knippsmed	assessor Olof Antonsson

236 Lars Andersson 1726 – 1768
född 1726 Borgvik	Borgström
1758 Löfstaholm, smältare	assessor Olof Antonsson

234 Carl Bast 1728 – 1814
född 1728 Hwitlanda	Cornelius Torsson gift med Katarina Schütz,
1751 Håkansbohl/Lidefors, mästersven	Johan Kocks son Anton, dog 1751.1755 Arvid Wallstedt, 1756 brukspatron Olof Lindmark 1759 brukspatron Leonard Magnus Uggla som var brukspatron på Billingsfors.
1759 Torsby, mästarsmed	Johan och Carl Schröder
1761 Badabruk, mästare	Sven Hedengren, 1763 Eric Lundstedt

1771 Oleby, mästare

1774 Badabruk, mästare

1791 Badabruk, hjälpsmed

Jonas Linderholm,

1748-63 Herman Kolthoff

Eric Lundstedt

- " -, 1805 Carl Sjöstedt

232 Jonas Jönsson Brunzell 1736 – 1810

född 1736 Borgvik   Borgström

1755 Borgvik, mjölnare

1761 Brättne

1763 Borgvik   Carl Niclas Kock gift

                                      Märta Regina Borgström,

                                      Olof Schagerström

1763 Sälboda = Arvicanderström   Arvicander + lagman Olof

                                      Antonsson

1765 Arvicanderström, mjölnare

1769 Bjälverud, mjölnare

1772 Högfors, mjölnare

1782 Brättne

118 Anders Larsson Löf 1759 – 1837

född 1759 Löfstaholm   assessor Olof Antonsson

1773 Högfors, lärdräng   - " -

1778 Fredros, smeddräng   Johan Eriksson Borgström

                                     + Johan Arvicander

1783 Träskog, knippsmed, mästare

135

116 Erik Jonsson Brunzell 1763 – 1835

född 1763 Borgvik	Carl Niclas Kock gift
	Märta Regina Borgström
1763 Sälboda	Arvicander
1780 Högfors, mjölnare	
1783 Treskog, smeddräng	
1785 Fredros, smeddräng	Johan Eriksson Borgström
	+ Johan Arvicander
1787 Treskog, knippsmed	
1792 Älgå, knippsmedsmästare	Henrik Kolthoff

58 Petter Brunzell 1789 – 1861

född 1789 Treskog	
1792 Älgå, barn,	
knippsmedsmästare	Henrik Kolthoff
1822 Kålsäter	Fredrik Zacharias
	Bergenskjöld
1826 Hanefors,	Nils Fredrik och Erik
	Gustaf Ekerman
1830 Gerdshammaren, mästersven	
1832 Hanefors, hjälpsmed	N F och E G Ekerman
1851 Hanefors, understödshjon	Gustaf Adolf Mannerstråle;
	E J Hedborg

Ansystem med siffror

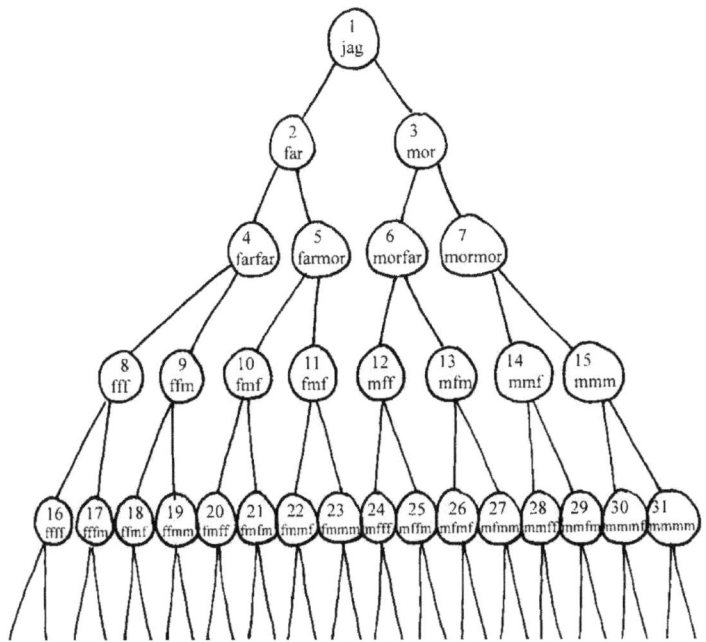

Det här systemet att numrera förfäder kallas Kekule von Stradonitz system. Det finns flera system att använda men jag valde detta därför att det passade mig och min hjärna bäst.

Nummer 1 är jag själv, min far nummer 2 och min mor nummer 3. Därefter funkar det så att man på den manliga sidan multiplicerar vilken ana som helst med två och får då en tidigare generation. Den kvinnliga sidan har samma nummer plus ett. Alla jämna siffror betecknar manliga förfäder och ojämna siffror mina förmödrar.

Giftermålsmönster

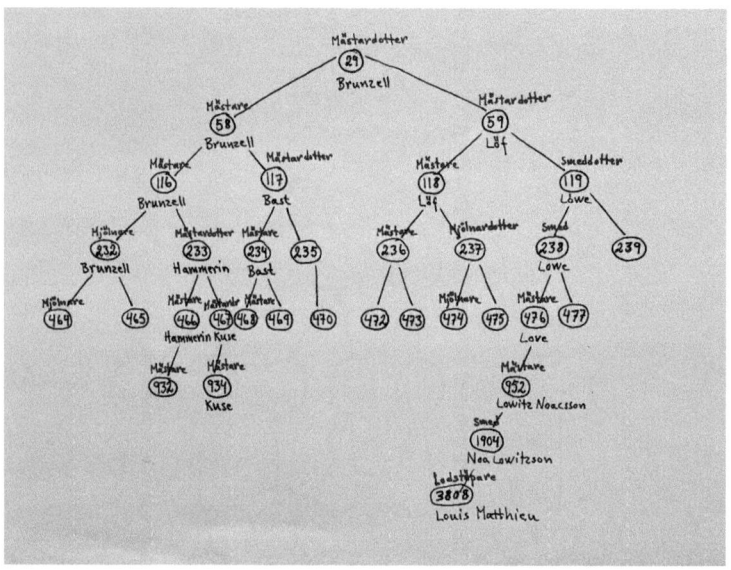

3808 Louis Matthieu, lodstöpare, trolig far till Noa Lowitzson

Min mormors farmor Maja-Stina Brunzell var mästardotter till
en mästare och en mästardotter. Man kan konstatera att det är
många mästare och mästardöttrar i rakt nedstigande led liksom
mjölnare. Mjölnare och mästare var väl ansedda på bruken och
hade en hög status. De anor jag inte har titel på här har jag inte
lyckats spåra längre tillbaka. Finns det bara ett namn t ex
Maria Johansdotter och det finns fler fäder som heter Johan
kommer man inte så mycket längre bakåt. Om det inte heller är
noterat födelsedatum, år eller ort. Varken i husförhörslängd,
födelsebok, begravningsbok, vigsellängd eller mantalslängd.
Då får man lov att vara nöjd med det man hittat.

Kvinnornas livsåldrar

Ana nr	namn	född	gift	barn	livslängd
1905	Karin			3 minst	
953	Maria Jönsdotter	1661	28 år	6	80 år
935	Margareta Arvidsdotter	1664		3 minst	75 år
933	Kerstin Månsdotter			6 minst	
477	Marit Andersdotter			5	
475	Catharina Andersdotter				
473	Annika Bryngelsdotter				
469	Ingeborg Persdotter	1687	20 år	8	65 år
467	Elin Eriksdotter Kuse	1703	25 år	9	64 år
465	Ingrid Jonsdotter	1716	16 år	12	48 år
239	Britta Bengtsdotter	1731	19 år	6	58 år
237	Stina Nilsdotter	1729	28 år	5	70 år
235	Maria Johansdotter	1730	33 år	4 egna	45 år
233	Eva Hindriksdotter Hammerin				
		1739	19 år	9	76 år
119	Lisa Johansdotter Lofwe	1760	25 år	9	78 år
117	Britta Maria Bast	1768	21 år	9	76 år
59	Catharina Löf/Brunzell	1791	22 år	7	73 år
29	Maja Stina Brunzell	1832	20 år	11	57 år
15	Anna Stina Kjellberg	1862	22 år	7	82 år
7	Elin Lundberg/Gustafsson	1892	23 år	9	88 år
3	Anna Gustafsson/Ingeborn	1922	19 år	5	31 år

Register över Bruken

Brukskarta

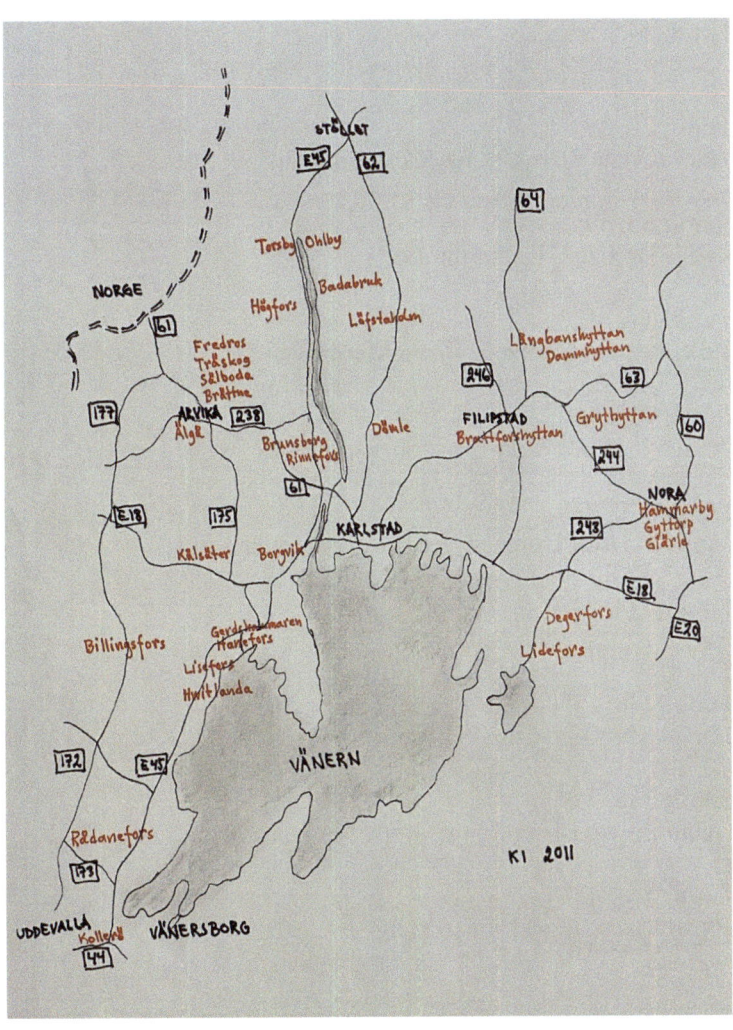

Familjer

Personregister
Min mormor Elins anor på sin farmors, fm, Maja Stina
Brunzells, sida

Lundberg, Andreas Jonasson	120	ff	28, 29
Löf, Catharina	113	fm m	58, 59
Löf, Anders Larsson	92	fm mf	118, 119
Matthieu, Louis	44	fm mm ff ff f	3808
Månsdotter, Kerstin	49	fm ff mf m	932, 933
Månsson, Jean	75	fm fm f	468, 469
Nilsdotter, Stina	83	fm mf m	236, 237
Noacksson, Lowitz	29	fm mm ff f	952, 953
Olsson, Jöns	39	fm ff ff	464, 465
Persdotter, Ingeborg	75	fm fm m	468, 469

Släkten på de olika bruken

Borgviks bruk Borgvik	Lowe 1690-1744 Brunzell före 1683-1763 Löf före 1724- 1783
Hammarby bruk Nora och Lindesberg	Lowe 1654 - ?
Dammhyttan Gåsborn	Hammerin 1687-1691, 1695-1734
Långbanshyttan Filipstad	Hammerin 1691-1694
Brunsberg Brunskog	Hammerin 1722-1738 Brunzell 1745-1755
Rinnefors bruk Boda, Gunnarskog	Kuse 1704 - Hammerin 1704 - Brunzell
Rådanefors bruk Ödeborg (Färgelanda)	Lowe 1735-1738 ev Bast
Billingsfors bruk Steneby	Lowe 1738-1739 Bast 1743-1753
Kollerö bruk Bäve, Väne-Ryr	Lowe 1750-1751
Hwitlanda Tösse	Bast 1730-1768 Lowe 1750-1752 Lundberg 1849-1852

Löfstaholms bruk	Lowe 1751-1775
Lysvik	Löf 1751 -
Högfors bruk	Brunzell - Hammerin
Gräsmark	1772-1782
	Löf 1773-1778
Fredros verk	Löf 1778-1783
Gunnarskog	Brunzell 1785-1787
Träskogs verk	Löf 1783-1788
Gunnarskog	Brunzell 1789-1791
Sälboda bruk	Brunzell 1763-1769
Gunnarskog	
Brättne bruk	Brunzell - Hammerin 1763-
Arvika	, 1782-
Lidefors hammare	Bast 1751-1758
Rudskoga	
Bada bruk	Bast 1761-1814
Fryksände	
Älgå bruk	Brunzell - Bast 1792-1834
Älgå	
Kålsäters bruk	Hammerin - Kuse
Långserud	1728-1736
	Brunzell -Löf 1821-1826
	Lundberg - Brunzell
	1852-1873

Lisefors bruk Åmål	Lundberg 1839-1848
Hanefors (Forsbacka) Mo	Brunzell - Löf 1826-1830, 1832-1864 Lundberg - Brunzell
Gerdshammaren Mo	Brunzell
Dömle bruk Nedre Ullerud	Lundberg 1873-
Brattforshyttan Brattfors	Lundberg 1878-1881
Degerfors bruk Karlskoga	Lundberg 1881-1884
Grythyttan Grythyttan	Lundberg 1884-1887

Litteraturförteckning:

Borgvik – en gammal bruksbygd, sammanställd av Åke
Kjelleberg, 1981

Brodin, Linus: En bok om Boda, bidrag till socknens historia.
Arvika, 1952, 1988.

Douhan, Bernt : Arbete, kapital och migration :
valloninvandringen till Sverige under 1600-talet, 1985

Edestam, Anders: De dalsländska järnbruken, 1977

En bok om Gunnarskog, red. Anders Olsson, Gunnarskogs
kommun 1962

Florén, Anders & Ternhag, Gunnar: Valloner – järnets
människor, 2002

Furuskog, Jalmar: De värmländska järnbruken, 1924

Granér, Staffan: Mellan hammaren och skäran. Samhävd och
rågång - om egendomsrelationer och marknadsintegration i en
värmländsk skogsbygd 1630 – 1750. Göteborg 2002

Granlund, John: Arbetsorganisation: Landsbygden, Den
svenska arbetarklassens historia II Arbetaren i helg och
söcken, Kulturhistorisa studier, Vardag och fest. 1944

Jansson, Göte: Smederna vid Billingsfors bruk, Gamla
Steneby, 1989

Järn bryter bygd, Ekomuseum Bergslagen berättar i
landskapet.

Kilbom, Karl : Vallonerna, om valloninvandringen till Sverige, 1958

Kollerö bruk. Trollhättebygdens släktforskare tidning nr 2/2002

Lindblom, Kjell: Vallonsläkter under 1600-talet, del III 1992.

Minnen från Löfstaholm, sammanställd av Olle Gustafsson, cirkelledare, Lysvik 1991

Nordström, Alf : Bergsmän och brukspatroner, Riksantikvarieämbetet, 1987

Nordström, Annalena: Kyrkan mitt i byn. Kulturmiljöer i Arvika kommun. [1999]

Olsson, Victor: Gårdshistoria från Töss-Tydje, Åmål 1976

Sköld, Erik: Från bergsmännens och de små brukens tid. Bland bergsmän och bruksfolk, Sveriges släktforskarförbund, Årsbok 1991

Steen, Birger : Baronernas Leufsta. Upptecknat efter Joel Godeau, 1966.

Wessman, Emil: Hammarby bruks historia, Nora 1949, 1961

Oedman, Johan: Bohus läns Beskrivning, 1983. Chorographia Bahusiensis 1746

Efterord

Jag ville veta om det stämde vad som sas. Att mormor var vallon och började släktforska 2001. Men det var ett helsike att hitta rätt. Jag visste att mormor var uppvuxen hos sin farbror och faster i Gustafs församling i Dalarna. Gustaf Lundberg och Carolina Brunzell. Men var var de födda?

På mormors far Anders Petter Lundberg har prästen skrivit fel födelseort, Lungsund i stället för Långserud. Jag letade mer eller mindre på måfå efter namnet Brunzell och orter. Till slut lyckades det och jag kunde följa släktena bakåt.

Släktforska hur gör man då?

Biblioteket, där visste jag att det fanns "släktforskarrum" med microfich-läsare. Microfichkort beställde man själv på särskilda blanketter från SVAR i Junsele (svensk arkivinformation) Då måste man veta vilken församling man ville beställa kort över och vilken typ av kyrkbok. När korten sen kommit hem i brevlådan åkte man till biblioteket för att sitta i släktforskarrummet och läsa korten i läsapparaten. Det tog tid!

Det är mormonerna som för sina religiösa handlingar behövde sina förfäders data och fick scanna in våra kyrkböcker och göra microfichkort.

Nu är det enkelt att klicka in sig på riksarkivets hemsida och digitala forskarsalen. Det tar noll tid att klicka fram och tillbaka för att leta och finna resultat.

Jag hoppas och tror att alla uppgifter är rätt tolkade.

Många utflykter blev det för att leta reda på alla bruken, var de legat och om det fanns något kvar av dem.

februari 2025   Kersti Ingeborn

Plats för anteckningar om egna släkten